Ⓢ新潮新書

森口 朗
MORIGUCHI Akira

# 戦後教育で失われたもの



129

新潮社

# 戦後教育で失われたもの●目次

## 第三章　「不条理」を生きぬく図太さ　



## 第四章　「日本人」であることの誇り　

# 序章　二周目の挫折、三周目の破綻

今年で「戦後」も六十年。昭和二十年生まれも還暦を迎え、戦後世代はすでに第三世代となりました。

戦後はもう、三周目に入ったのです。

今では「戦後教育」「戦後民主教育」という言葉を使う人も少なくなり、自分たちが戦後教育の影響下にあると自覚する機会も減りました。節目の年でなければ、「戦後」という言葉を意識することすらないでしょう。

しかし、我々日本人は、戦争に敗れて六十年経った今でも、まぎれもなく「戦後」という空間で生活しています。いや、むしろ時代がくだり、二周目、三周目となるにつれ、「戦後」度数は高くなっていると言ってもいいかもしれません。

そして、私にはどういうわけか、「戦後」度数の高い人ほど、不幸な未来が待ち受けている気がしてならないのです。戦後教育とは、「教育によって理想社会を創る」壮大な実験でした。ほぼ三世代に及ぶ教育の結果、ある種の「理想社会」が実現したのです。

もちろん、理想社会にはそれにふさわしい「正しい」人々が住んでいます。

例えば、ホリエモンこと堀江貴文氏（ライブドア社長）。

東大在学中に立ち上げた会社を発展させた彼は、今では数百億という資産を有する大富豪です。学歴という側面からも金銭的な側面からも、彼は間違いなく成功者の一人でしょう。

どんな場にもTシャツ姿というカジュアルな姿で登場し、初対面の人に対してズケズケと話す彼を悪く言う人がいますが、それはちがいます。

どのような場でどのような服装をするべきか、それは本人が決定することです。そして、人を服装で判断し差別することは、戦後教育では絶対悪です。彼の服装をもって彼を否定する人がいるとしたら、それは否定する方が悪いのです。

話し方についても、誰にどのような態度で話をするかは、本人が決定すべき事項です。なぜなら人は平等だからです。

相手の年齢や社会的立場を考慮することなく、誰にでも言いたいことを言うホリエモンは、「戦後教育的正しさ」を体現する代表的人物の一人と言えるでしょう。

もちろん、「戦後教育的正しさ」を体現している人は、ホリエモンのような成功者だけとは限りません。

公園や繁華街の道端で、相田みつを氏が書きそうな文句を色紙に書いている若者がいます。色紙に書かれた字は、それぞれがあさっての方向を向いていて、上手《うま》いのか下手なのか判りません。芸術的なようでもあり、ふざけているだけのようでもある。

書いている本人と話してみると、大抵はフリーターです。

国民年金を払っていないどころか、自活さえしていない若者が、

「俺は俺流、君は君流。それでいいんだ。それがいいんだ」

なんてことを色紙に書いて、人様からお金を取れる感性はたいしたものです。

すべての人は平等であり、誰もが自分の言いたいことを主張できる社会こそが素晴らしいのです。そこに上下関係も優劣もありません。彼は、学校でそのように教わってき

たのでしょう。

だったら、相田みつを氏に許されて、フリーターの若者に許されないはずがありません。


もっと強烈に自身の正しさをアピールする人もいます。

不登校から引きこもりになった若者達です。彼らは、様々なメディアで自身の正当性を主張します。

教師の体罰があった、いじめがあった、管理的な学校の体質が嫌だった等々。それをきっかけに不登校になった。ところが、我が国には不登校児の受け皿がない。だから、ずるずると社会に出るきっかけを失い、引きこもりになってしまった。

これが彼らの主張の概略です。

人は皆平等ですが、弱者には特別な配慮をしなければなりません。弱者への配慮を怠ればそれは「悪」であり、大切な時期に配慮されなかった弱者＝不登校児は、半永久的に駄々をこねることが許されるのです。

それこそが、優しき戦後社会の正解です。

こういう若者を育む親の世代＝団塊の世代を中心とした人々は、彼らを許容し、「戦後教育的正しさ」を競い合います。

職場も酒場も、自分の子どもが定職に就かないことを嘆く「お父さん」で溢《あふ》れています。昨今は恒常的な就職難ですから、自分の子どもが定職に就けないことは珍しくありません。ですから、この手の「お父さん」が増えているのは不思議ではない。私が、不思議に感じるのは、この手の「お父さん」が定職に就かない子どもを許容し、その寛大さを誇っていることです。

どんなダメ息子やダメ娘でもそれを許容し見守るのは母親の役目ではないのか、父親はできれば勘当、最低でも叱り飛ばすのが役割だろう、と突っ込みを入れたくなるのですが、性別役割分担を否定する戦後教育にあっては、私が間違いで、彼らこそが正しいのです。

教師にいたっては、親以上に大きな許容力が求められます。

「子どもが将来何になるかは、その子自身が決めることで、親があれこれ指図すべきではありません。学校を卒業してもすぐに自分のやりたいことが見つからないのはよくあることです。温かく見守ってあげて下さい」

このような脱力系の「アドバイス」をするのが、我が国の教師に求められる姿なのです。

「お母さん、大体○○君に、やりたいことなんて見つかる訳がないじゃないですか。今まで十年以上学校に通って、ただの一度も必死で勉強してこなかった。勉強どころか教室の掃除や当番制の仕事もサボるし、部活動もすぐ止めました。彼が今まで好きでしてきたことはマンガとゲームだけでしょ。このまま家にいてもロクなことはありませんよ。さっさと家から放り出すのが一番です」

というアドバイスは、よほど骨のある先生が、職を賭けてのみできる所業です。

でも、私にはこの手の「戦後教育的正しさ」が、気味悪く思えてならないのです。

学校教育において「正しい」とされてきたことが、本当に正しいのだろうか。もしかすると我々は、どこかでとんでもない間違いを犯しているのではないだろうか。

このような想いを抱いている人は、決して少なくないはずです。

本書は、「戦後教育的正しさ」の虚構を徹底的に解明し、戦後教育と決別するために書いたものです。

何とも大それた目的を立てたものだと、自分でも呆《あき》れてしまいます。しかし、この「気味悪さ」を解明しなければ、学校教育・家庭教育はもちろん、日本社会全体がいずれ立ち行かなくなるでしょう。

根底にあるものを見据えない対症療法は、しょせん一時的なものに過ぎません。

最近ようやく、今の子どもの低学力ぶりが理解されるようになりました。文部科学省も「ゆとり教育」の看板を下ろし、当面は「学力向上」がテーマとなるでしょう。それは結構なのですが、学校教育の本来的意味は何か、といった大きな枠組みで思考しない限り、「学力向上」も結局は「ゆとり教育」のように合言葉で終わりかねません。「ゆとり教育」はただの「気の迷い」ですが、「学力向上」は学校の原点回帰であり両者は次元の違うものです。決して二項対立で捉えるものではないはずです。

「ゆとり教育」だけではありません。ニートの増加を防ぐための職業教育。教育基本法改正を取り巻く諸問題等々。対症療法ではなく、「戦後教育とは何か」をしっかりと見据えて取り掛かるべき難問が山積になっています。

戦後教育は、ご承知のようにGHQによって推進されました。第四章で詳論しますが、アメリカを中心とする戦勝国が日本の伝統をすべて否定し、彼らの正義を押し付けたのが戦後教育の始まりです。

戦勝国による「正義の押し付け」がどれほど偽善に満ち醜悪であるかは、アメリカに叩きのめされたイスラム国家を見れば明らかです。

それでも、現在は多様な価値を認め合うのが世界の潮流ですから、キリスト教原理主義国家＝アメリカといえども「イスラム教が諸悪の根源である」とは大っぴらには言えません。

しかし、六十年前は今とは全く異なりました。

「日本が狂信的な軍国主義国家になったのは、『日本的なもの』のせいである」という連合国におもねる主張が日本人の中からも溢れ出し、学校教育において日本の歴史や伝統が否定されたのです。

神道、武士道、日本的家族制度、教育勅語、国旗……。囲碁と将棋はどちらが「民主的」か、という全くバカらしい議論さえ真顔で行われました。

「日本的なものの否定＝民主的」こそが、「戦後民主教育」の根幹だったのです。さすがにこれを「民主的」と考える方は、今では極《ごく》少数派でしょう。そこで本書では「戦後民主教育」という言葉をあえて使わず、「戦後教育」と呼ぶことにします。

戦後六十年が経ち、現在、義務教育を受けている子どもは、その父母はもちろんのこと、祖父母までもが戦後教育育ちです。

六十年の間に戦後教育も変容しました。本書では、「一周目（一九四五年〜一九七〇年頃）」「二周目（一九七〇年頃〜一九九〇年代前半）」「三周目（一九九〇年代後半以降）」と捉えることにします。

一周目の戦後教育は、学校教育により日本を「民主的で平和な国」にしようとする試みでした。戦争に疲れた国民は、平和と民主主義を実現することが結局は豊かになる道であると実感し、戦後教育を支持しました。

もちろん、平和も民主主義も、否定しようもないほど素晴らしいものです。しかし、それを実現する手段が「日本的なものの否定」でしかなかった点で、一周目の戦後教育は薄っぺらと言わざるを得ません。

ただ、幸か不幸か一周目世代は、ひとたび家庭に帰れば昔ながらのガキ扱いしか受けませんでした。たとえ学校で先生から「親も子どもも平等だ」と教えられようとも、平等で民主的であるはずの親は情け容赦なく拳骨を振るいました。いや、平等を教える先生自身が平気で体罰を行いました。つまり、一周目の戦後教育は、「美しい絵空事」に過ぎなかったのです。

ところが、親も戦後教育世代になった二周目では、学校教育だけでなく家庭教育も「正しく」行われます。

この家庭教育の「正しさ」が、学校を大きく変えました。天に向って吹きかけた唾が、学校自身に降ってきたのです。教師が親の顔色を窺《うかが》うようになったのは、二周目に入ってからです。

戦後教育にあって人は平等ですが、一周目において教師と生徒は平等ではありませんでした。それどころか、教師と親さえも平等ではありませんでした。教師は、国民を戦後的価値観に教化する指導者であり、教師が口にする「民主主義」「平和」「平等」はあり難い「教え」だったのです。

ところが、二周目では、民主主義も平和も平等も、追求すべき理念ではなく所与のものとして存在します。教師と親はもちろん、教師と生徒さえ平等・対等になりました。平等・対等な人間関係においては、体罰はもちろんのこと、価値観を押し付けることさえ許されざる「悪」になります。

こうした状況の中で育成されたのが、冒頭に紹介した人々です。

そして現在、戦後教育は三周目に突入し、学校は、勉強するところから青少年用の保育園へと変貌しました。

親どころか祖父母さえ「戦後教育的正しさ」に染められた中で育った子どもが、将来どんな人間になるのか、私には想像さえつきません。

ただ、学校教育はもちろん、家庭教育においても、個々人の価値観においても、「戦後教育的正しさ」と決別しない限り、今を生きる世代もその下の世代も決して幸せにはならない。それだけは断言できます。

本書を読み終えた後で、皆さんが、これまで「正しい」と思っていた事象にほんの少しでも疑問をもって下されば、それこそ望外の幸せです。そして、そんな小さな疑問の積み重ねが、我々と戦後を決別させてくれるのだと信じています。

# 第一章　「己」を知る謙虚さ

## 「全員百点」の学校は理想的か?

日本の子ども達の学力低下が、国際比較によっていよいよ鮮明になってきました。OECD(経済協力開発機構)が実施した「国際学習到達度調査」(二〇〇三年実施)によると、かつて世界一と言われた我が国の子ども達の学力は、「読解力十四位」「数学的リテラシー六位」「科学的リテラシー二位」「問題解決能力四位」(調査対象十五歳・参加国四十一カ国)と奮《ふる》いませんでした。

また、国際教育到達度評価学会(IEA)が中学二年生と小学四年生に実施した調査(二〇〇三年実施)でも、理科(中二が四十六カ国中六位、小四が二十五カ国中三位)、数学(中二が四十六カ国中五位、小四が二十五カ国中三位)ともに平凡な成績に終わりました。

この調査結果が決定打となって、「ゆとり教育」は終焉《しゅうえん》するものと思われます。

では、そもそもゆとり教育とは何だったのでしょう。私は、ゆとり教育こそが、戦後教育の到達点であったと考えています。それゆえ、本章ではゆとり教育を中心に、現在の学校の実情を紹介したいと思います。

ゆとり教育の最終進化型である現在の学習指導要領は「全員百点」を合言葉に実施されました。

皆さんは、全員に百点を取らせる教育機関があったらそこに我が子を通わせたいと思いますか。

私なら、以下の三つの条件をクリアしているときに限り通わせます。

まず第一に、進度が個人個人に即していること。次に、基本問題しか出題しないか、出題があらかじめ明示されていること。最後に、子どもが小学校三、四年生以下であること。

第一の条件は、論を俟《ま》ちません。人にはそれぞれ得手不得手があり、能力の違いがあります。もし、百人が通う教育機関で全員が百点を取るまで次に進まないとしたら、一番できの悪い子どもを除いた九十九人が退屈するでしょう。

多くの勉強はステップを踏んで高度になりますから、次の段階に進むためには前段階をある程度固めておく必要があります。典型は小学校の算数です。足し算ができなければ引き算はできませんし、足し算ができなくても九九を暗記すれば一桁の掛け算はできますが、複数桁の掛け算はできません。また、足し算、引き算、掛け算全てがスラスラできないと複数桁どうしの割り算は不可能です。

ですから、全員百点を取らせる、それができない子は次のステップに進ませない、という教育方針は間違っていません。

事実、「公文式」はこのような考え方をとって初等教育に成果を出しています。もちろん、公文式とゆとり教育とは似て非なるものです。公文式では本人の学力に合わせて、実年齢よりも下の学年相当の学習をやらせることはザラにありますし、その場合でもしっかりと百点を取れるようになるまで、上の教材をさせてもらえません。

対して、ゆとり教育の「全員百点」はただの願望ですし、実際は三十点の子も次のステップに進みます。

次に、出題されるのは基本問題だけか、応用問題も出すのなら、問題を試験前に明示しておく必要があります。

一定以上高度な問題は、できない子にはいくら教えてもできないからです。ウソだと思うなら、本屋の中学校受験コーナーに行って、灘中入試の算数の試験問題を見てください。大人でも訓練していない人はほとんど解けないし、算数の苦手だった人は少々訓練しても解けないと思います。これに対して、高校数学の微分は、計算だけなら誰でもできるようになります。

つまり、全員百点を目指すなら基本問題だけにするか、出題を明示しておいて解答を暗記させるしかないのです（ちなみに、応用問題の暗記・再現も有益な勉強です）。

## 満点主義から難問主義へ

最後に小学校三、四年生以下という条件ですが、これは誰にでも当てはまるとは限りません。私が親なら子どもにそのくらいのスピードで成長していってほしいと願っているだけです。

どなたでも経験のあることだと思いますが、学年が進むにつれて、テストの平均点は下がっていきます。理由の第一は、学習内容が高度になり全教科を完全に理解することが困難になるからです。しかし、決してそれだけが理由ではありません。落ちこぼれとは無縁の、それこそ教科書レベルならばどの問題でも解けるような秀才でさえ、小学校一年生の時より高校三年生時点の方が平均点は下がっているはずです。

それは、テストを課す側の学習観・生徒観が異なるからです。

幼稚な相手には、ある程度努力をすればパーフェクトな答案を書ける問題を出題するのが正しい態度でしょう。テストで百点を取ることで有能感が増し、勉強が好きになるからです。しかし、一人前に扱うべき相手に容易に満点が取れる問題を出しても、決してためになりません。その子が注意することはケアレスミスの防止しかなくなり、たとえ満点を取っても達成感が少ないからです。

ですから、勉強の習慣が身につき、有能感、自己肯定感が確立している相手には、その鼻をへし折るくらいの難問の方が適切なのです。典型は難関国立大学入試の数学で、数問出題されるうち、一問を完全に解答して、残りの数問は部分点をもらえれば充分合格できるレベルの難問が毎年出題されています。

では、いつの段階で有能感を充足させる満点主義から、解くことそのものが楽しい難問主義に転換すべきかというと、〃その子の成長段階・学習段階による〃としか言いようがありません。

受験界で最も優位なポジションにいる子ども達（開成や灘、筑波大附属駒場など一流進学校の生徒）は、中学受験が射程に入る小学校三、四年生頃から満点主義に飽き足らなくなるようです。

逆に勉強が苦手な子に勉強をさせようと思ったら、その子が何歳であろうが満点主義から入るべきです。勉強の苦手な子は、勉強分野における有能感・自己肯定感は限りなくゼロに近いので、そこを改善するところから始める必要があるのです。実際「勉強嫌いな高校生を一流大学に合格させる」ことを売りにする塾や予備校は、最初は極めて基礎的な内容（場合によっては中学の復習）から入り、小さなステップを刻んで受験生を徐々に高度な勉強へと導きます。

## 中学校で増える不登校

このように見ていくと、「全員百点」をスローガンにしたゆとり教育は、「全員を幼児扱いします」と宣言したに等しいことが判ります。

幸い、史上最低レベルの現行学習指導要領は実質一〜二年で破棄されました。今では「学力向上」が学校現場のメインテーマです。

では、その学校では、いつから「満点主義から難問主義への転換」が行われているのでしょう。

地域にもよりますが、一般的には小学校から中学校に渡る段階です。小学校六年生までに学校で行われるテストというのは、勉強の得意な子なら百点を取って当り前の問題が出題されます。ところが、中学にあがると一転して、「簡単には百点は取らせないぞ」という問題が定期テストに出るようになります。

学校は集団教育を行う場ですから、全員を射程に入れなければなりません。その意味で、中学校から難問主義に転換すること自体は、標準的な成長過程を考慮するとおおむね妥当な結論です。

ただ、その転換があまりに急激なため、ギャップに戸惑う子が少なくありません。中学校になると不登校が一気に増えます（四十人弱に一人の割合で、これは小学校の七〜八倍に当る）が、私は学習観・テスト観の急激な転換も要因の一つだと推測しています。

また、成長の早い子の中には有能感が肥大している子もいます。学校や大人を舐《な》めきっているのに勉強だけはできる子というのが、どの学校にも一人や二人はいるものです。教師も本音ではこういう子どもが大嫌いですし、もちろん仲間からの人望もありません。私はそういう子どもを見ると、もう少し早い段階で鼻をへし折られていれば、多少はマシな人間になれたのに、と思います。

この手の不幸は「全員百点」では絶対に救えません。本当はさほど有能でもないのに「自分は有能だ」という意識だけが肥大化した子ども。それを作り出すのもテストならば、そういう人間の大量生産を抑制するのもまたテストなのです。

満点主義から難問主義へのスムーズな転換、できればその子のレベルに合わせた転換が模索されるべきでしょう。

教育改革の先端を走る東京・品川区では、平成十八年度から小中一貫校を開設するそうです。小学校と中学校の間に横たわる様々なギャップを解消し、初等教育から中等教育へのスムーズな移行を目指すことが設立趣旨の一つのようですが、是非「小中学校の学習観・テスト観の隔絶」も解消していただきたいところです。

## 学力テスト復活の見識

新聞報道などでご承知の方もあるかもしれませんが、一斉学力テスト復活の動きが増しています。東京都では二〇〇三（平成十五）年度に全都の公立中学校二年生を対象に一斉学力テストを実施し、二〇〇四（平成十六）年度には公立小学校五年生も対象に加えました。品川区や荒川区でも独自に一斉学力テストを行っています。さらには、文部科学省もサンプリング調査とはいえ学力テストを復活させ、文部科学大臣も全数調査に切り替える方針を打ち出しています。

誠に喜ばしい限りです。

国にさきがけて全員テストを実施している自治体では、おおむね「習熟基準」というものを設けています。一斉テストを行うことは話題になりますが、教育委員会が「習熟基準」を設けた意義の大きさに言及されることは少ないので付言しておきます。

「習熟基準」とは、教育委員会がこの程度はできて欲しいと想定した正答率です。品川区では各問ごとにそれを設けました。八十％の問題もあれば六十％の問題もあります。

これは小学六年生段階で満点主義をとらないという自治体の態度表明です。「全員百点」を目指した新学習指導要領が施行されたのが二〇〇二（平成十四）年ですから、次の年には一部の自治体は百点主義を捨てていた。全員テストを実施する自治体（東京都や品川区）と文部科学省ではどちらが子どもの成長を見据えているかがはっきりと見て取れます。

もちろん文部科学省にも立派な方は大勢いらっしゃるのですが、組織としての判断となるとどうしてこんな不見識なものになるのか不思議です。文部科学省の不見識ぶりのルーツとも言えるのが一九五六（昭和三十一）年から一九六五（昭和四十）年まで行っていた全国一斉学力テストの廃止でした。

その頃は文部省と日教組が最も激しく理論闘争を行っていた時代でした。日教組側の主張は例によって「過度な競争を招く」「学校の序列化に繋がる」というものです。

学力テストの是非は法廷にまで持ち込まれ、最終的には一九七六（昭和五十一）年に最高裁が学力テストを適法と判断しました。ところが、判決を待つことなく文部省は自主的に学力テストを廃止していたのです。確かに下級審では学力テストを違法とする妙な判決もありました。当時は今と違って日教組思想を支持する世論も存在しました。しかし、それでも訴訟を遂行する限りは「学力テストは正しい」と主張しているのですから、それを実施し続けるべきでしょう。百歩譲って最高裁判決が出るまで凍結したとしても、勝訴の直後から復活させるべきだったのではないでしょうか。

それがようやく三十年の時を経て、文部科学大臣の口から復活させるという言葉が出てきたのです。地方が東京などの先端自治体に遅れをとらないためにも、是非実現してほしいと思います。

## 勉強だけではない競争の排除

事ここにいたってなお一斉学力テストの復活に反対する人たちは、おおむね次のような理屈を述べ立てます。

「課題を発見し解決する能力が求められている今日、テストで測定できる学力だけでの競争は時代錯誤である」

時代錯誤はこの人たちです。ゆとり教育に類する教育改革は、既に一九七〇年代のアメリカで実施され、見事な失敗に終わっています。そんなことは、今次の学習指導要領改定が発表された直後から、大勢の識者に指摘されています。

国力向上のために子どもの学力を向上させる、その効果をテストで測定するといった路線こそ現在の世界の潮流であり、前述のような意見は主張しているご本人が無知なのか、無知な人々を欺《あざむ》くためにする議論でしかありません。

また、

「人には様々な特性がある。勉強が得意な子、運動が得意な子、美術や音楽ができる子、心のやさしい子。それを何故、勉強だけで優劣をつけるのか」

といった意見もあります。

まったくそのとおりです。私は、学力だけでなく多くの分野で子ども達を競わせればよいと思います。逆に、このような主張をしている方々は、今まで学力以外の分野で競争することを奨励してきたでしょうか。そんなことはありません。ほとんどの場合、運動・美術・音楽などあらゆる場面での競争を排除してきた人たちが、学力低下が明らかになった今、「勉強だけで優劣をつけるな」と主張しているのです。

## 都市伝説「手を繋いでゴール」

ところで、学校は、どんな理屈で競争を排除してきたのでしょうか。教育問題に限らず、議論はしっかりとした事実に基づいて行われなければなりません。引き合いに出す例が、真偽不明な場合や極端な場合だと、主張も説得力がなくなります。

教育の重要性を説くのに「狼に育てられた少女」の例を出す方がいまだにいらっしゃ

いますが、当の「少女」は森に捨てられた知的障害児だったのではないか、というのが現在の通説です。それにも拘《かか》わらず、ひとかどの人物がこの話を引用して教育論を書いているとがっかりしてしまいます。

同様に、競争否定の学校教育を批判するために、「最近の小学校は、運動会で手を繋いでゴールする」という例を引き合いに出す方がいらっしゃいますが、これも都市伝説に過ぎません。

私はただの一校もそんな学校を知りません。もしかすると、かつてどこかに存在したのかも知れませんが、極めて例外的な学校だったはずです。

実際に行われている「競争からのスポイル」は、もっと巧妙です。

都市伝説のように徒競走でゴールだけ手を繋ぐのであれば、走った子どもは自身の走力の客観的位置付けを理解できます。ゴール直前で仲間を待つ子ども、普通くらいの子ども、皆に追いつくのを待ってもらう子ども。親から見ても、誰が優れていて誰が劣っているのか一目瞭然です。

しかし、小学校の運動会でこのような光景を見ることはありません。ほとんどの子ども達は、徒競走で「良い勝負」をします。なぜなら、そうなるように仕組まれているからです。

運動会が近づくと、体育の時間に先生達は、五十メートル走のタイムを測定します。そして運動会本番は、子ども達を測定タイム順に並べかえて競走させるのです。こうすれば、本番は誰にも勝つチャンスが出てきます。何せ、五十メートル走で〇・一〜〇・二秒差の相手とだけ走るのですから。

見ている方も盛り上がります。運動が苦手な子どもの親も「ウチの子が恥をかいたらかわいそう」と心配する必要はありませんし、運動が得意な子どもの親も安心していられません。主催している学校の先生達も、堂々と「競争」させることができます。

こういった「走力別徒競走」が、現在小学校で行われている運動会における「徒競走」の多数派であり、「手を繋いでゴール」は都市伝説か極少数派に過ぎないのです。

## 努力も実力も認めてくれない

つまり、学校の現状は「競争の否定」ではないということです。一切の競争を否定する人たちが存在し、彼らの主張が今でも相当の力を持っていることは事実です。しかし、「手を繋いでゴール」のような見え見えの競争否定を行うと世間に批難されるので校長もウンとは言わない。そこで、走力別徒競走のように「偽りの競争」が行われ、結果として多くの子どもがスポイルされるのです。

私が走力別徒競走を「偽りの競争」と断じる理由は以下のとおりです。

運動能力を競争させる場合、各人の基礎条件を考慮することは決して珍しくありません。柔道やボクシングにおいて体重別に競うことは当然とされています。これらの格闘では体重は決定的な要素なので、無差別に競わせると体の大きな人しか勝ち残れなくなるからです。ですから、基礎条件によってグルーピングして競わせたからといって、それを「偽りの競争」と断じるのは早計です。

子どもを能力別にグルーピングして鍛えることも否定されるべきではありません。かつて「差別」と批判された習熟度別授業も、「学力向上」が世論の多数派になる中、多くの学校で取り入れられるようになってきました。同じ程度の能力の子どもは、抱えている課題も似ている場合が多いのですから、それをグルーピングして鍛えるのは非常に効果的なのです。

しかし、走力別徒競走はこれらと決定的に異なります。

まず、「公正な努力が報われない」という問題があります。子どもが一生懸命練習して速いタイムを出すと速いグループに入れられます。努力するほどハードルが高くなるわけです。そこで、わざと運動会前のタイム測定でゆっくり走り、本番でいいところを見せようとする子もでてきます。

走力別徒競走は、柔道やボクシングを体重ではなく強弱でランキングし、どのランクの王者にも同等の栄誉や賞金を与えるようなものなのです。能力別にランキングして競う競技が存在しない訳ではありませんが、A級のチャンピオンとC級のチャンピオンでは与えられる名誉が全く異なります。それこそが正当な報酬でしょう。

しかし、運動会の徒競走の一位には、快足グループにも鈍足グループにも同様の栄誉が与えられます。

日頃の努力（速く走るための練習）は実を結ばないのに、ハレの日のガンバリ（同程度の人間の中で競う瞬間）だけが評価されるのです。

これによって、「日常とハレの日が分断される」という問題が派生します。

ハレの日のために日常の努力を怠らないというのは、人の基本的な美徳です。運動会の日にしっかりとできるように、体操や行進など面白くもない練習を黙々とこなす。たった一日の試験のために、日々の勉強をしっかりとする。

学校において本当に大切なのは、ハレの日ではなく、その日のために粛々《しゅくしゅく》と行われる日常なのです。

習熟度別授業は、日常の学習において各人が有する学習課題にていねいに応えるためのものですが、走力別徒競走は日常とまったく切り離されています。普段の体育の時間に「走るのが速い子」と「走るのが遅い子」を分けて各人の課題を見つけて指導する、というようなことはほとんど行われていません。

ただ「走るのが遅い子がかわいそう」という感情におもねり、誰も恥をかかずにすむシステムを考えただけのことです。

勉強は不得意だけど運動は得意な子どもにとって、運動会は自己肯定感を充実させるべき場であったはずです。しかし、彼は「何でもできる優等生」と走ることを余儀なくされるのです。

運動会以外でも、子ども達は「偽りの競争」により徹底的にスポイルされています。絵や字の上手な子の作品だけが教室に貼り出されることもめっきりと少なくなりました。明らかに手を抜いた絵も、ミミズが這《は》ったような字も、全ての作品を飾るのが昨今の流行です。

これにしても、「先生の主観により上手下手が決められるものではない」「全員の作品を貼り出すことでむしろ正当な評価を得ることができる」という理屈はなり立ちます。

このような「偽りの競争」の背景にあるのは、「全ての子どもの良いところを認めよう」という空虚な理念です。そのせいで、学校から「努力が報われる」「実力が認められる」という機会がどんどん減少しています。

## 最も公正な偏差値競争

さて、そんな学校にあって、ほとんど唯一と言ってもよい公正な競争が偏差値競争でした。これは昔から存在した学力競争が進化したものです。

それまでの学力競争が、クラス内の順位かせいぜい学校内の順位を競うものであったのに対して、偏差値競争はより大きな集団（市内、県内、全国）の中での位置付けを競うものです。

平均点を五十として、上から二％以内だと七十前後、十％以内なら六十強といった具合に数値が出ます。何回かテストを受けると大抵の子どもは偏差値が指し示す学力イメージを理解し、自身の偏差値を向上させるべく勉強に励みます。

偏差値競争は、それまでの学力競争と次の点で異なりました。

①目の前の友人が敵から同志に変わる

クラス内のテストしか実施しなければ、クラスで七番の子どもは、六番の子どもを抜かないかぎり〝成績が上がった〟と感じることはできません。しかし、偏差値五十八が六十に上がれば、クラスの順位が変わらなくても成績が向上したことを実感できます。

もちろん、成績が落ちたときも同様です。いずれにしても子ども達の学力競争が偏差値競争になったことで、目の前の友人が抜き去るべき敵から、共に向上することのできる同志に変わったのです。

②並の成績の子も広い視野で自身の学力を認識する

皆さんは、中学三年時の五十メートル走のタイムが、市内や県内さらには全国レベルでどの程度だったのかをご存知でしょうか。陸上部に所属し、相当ハイレベルな記録をお持ちだった方を除いて、おそらくご存知ないでしょう。偏差値が導入されるまでは、学力も同じでした。クラス内の位置付けは判っても、市内で自分の学力がどの程度の位置にあるのかを知っている人間など、極めて一握りの優等生だけでした。

しかし、偏差値の導入によって変化が起きました。偏差値は全体における受験者の位置付けを数値化したものです。だから、市内共通テストで偏差値五十だった者は、「市内の平均的学力である」と評価されたことになります。これによってほとんど全ての中学生が、自分の相対的な学力を知ることになりました。



人はなぜ偏差値を憎むのか

学力を偏差値で測定すること、その測定値を本人に知らせて学力向上の一助とすることは、極めて合理的です。にもかかわらず、偏差値は一九九〇年代に学校から追放されました。

公立学校の先生は、偏差値を基礎データとして進路指導することができなくなり、進路指導の実権は学校から塾や予備校へと移りました。

論理的な思考力のある人なら誰でもこういう結果は予想できたはずです。それでも偏差値追放は拍手をもって迎えられました。それは偏差値が、当の中高生ではなく大人から憎まれていたからです。

なぜ、人々は偏差値を憎むのでしょう。偏差値への憎悪は、これを使った進路指導を受けた戦後二周目世代よりも、受験生時代には偏差値などなかった戦後一周目世代に顕著です。これはどうしたことでしょう。

人は自分の知識の外にあるものを憎む傾向がありますから、それも理由の一つでしょう。

「最近の子どもは、偏差値が高いだけで人間ができていない」「子ども達は偏差値競争で苦しめられている」といったメディアが撒《ま》き散らした迷信を信じている人もいるかも知れません。

しかし、私は人が偏差値を憎む最大の理由は「母校愛を決定的に傷つける」からだと推測しています。

偏差値は単なる統計数値ですが、都内の区立中学の先生が進路指導に活用して爆発的に普及しました。子どもが果たして志望校を受けても大丈夫かどうかを判定する、というのが本来の使用方法ですが、すぐに学校そのものを偏差値で序列化する発想が生まれました。

今では高校だけでなく小学校から大学まで、あらゆる段階で学校の偏差値ランキングが存在します。

しかし、北海道大学と九州大学を、入学する学生の平均偏差値で比較することに何の意味があるでしょう。仮に九州大学の方が偏差値が数ポイント高かったとして、北海道の高校生が九州大学を受験するかと言えば、そんなことはありえません。高校や大学は卒業生の活躍、授業内容、研究成果などで競うべきものです。

ところが、現実にはいい年齢《とし》をして、偏差値で他人（や自分）の出身校序列を語る人が少なくありません。学歴社会にあって○○大学卒（地方に行くと今でも○○高校卒）というのは、何歳になってもそれなりに大きな意味を持ちます。

その学歴の値打ちが「現在の高校生の受験結果に過ぎない偏差値ランキング」によって決められる。これほど不愉快なことがあるでしょうか。

大学入試に偏差値が導入される以前に首都圏の有名大学に入学した方は、ほとんどが東大に対し複雑な想い（単純な劣等感ではなく文字通りのコンプレックスです）を抱いています。しかし、偏差値導入後の世代で、東大にコンプレックスや劣等感を抱く大学生は少数です。国立ならば、偏差値序列で東大の次にランクされる大学、私立なら東大の滑り止めとして最高の偏差値ランクにある大学の卒業生や在校生だけでしょう。

では学歴コンプレックスがないかといえばそうではなく、単にコンプレックスの対象が偏差値ランクにおける、すぐ上の大学になっただけです。偏差値以前の先輩からすれば、最初から母校の位置付けをクールに割り切っている後輩達が不甲斐なくて仕方ありません。

後輩が不甲斐ないのは、偏差値以後の世代も同様です。自分が受験生だった時代に偏差値序列が母校より下位にあった大学が高偏差値大学になり母校がその滑り止めになっていたりすると、自分の値打ちまで下がったように感じる人がいます。

かくして、多くの人々が偏差値を「不愉快なもの」「なにやら好ましくないもの」と認識している、というのが現実なのです。

## 自分の力を正しく知る一歩

しかし、先に述べたように今の子ども達は、学校外（塾や予備校）で行われる偏差値競争くらいしか公正な競争を経験していません。

ただ、残念なことに近年の塾や予備校は棲み分けが細分化しており、実のところ塾や予備校に通っている子ども達でさえ、同世代における自身の学力的位置を把握できていないのです。

二昔前ならば、偏差値七十といえばどんな模擬試験の結果であれ、明らかな優等生でした。しかし、現在では模擬試験によってはそうとも限らなくなっています。

都立高校用の模擬試験でいつも偏差値七十代、当然のように日比谷高校を始めとした名門都立高校に入学した子どもが、中高一貫校生が多く通う塾に入ったらその中での偏差値が四十代だった、という話は、珍しくもなんともありません。

それでも、彼（日比谷高生）はまだ幸せです。大抵の子は大学受験が迫るまで自身のポジションを把握していません。中高生の棲み分けが進みすぎて「己を知る」機会がないのです。

文部科学省が、全国一斉の学力テスト復活に向けて動きはじめました。その際は、公立学校だけでなく私立学校にも協力を要請し、母集団のレベルを維持していただきたい。そして、偏差値情報を始めとした詳細な情報に学校関係者はもちろん、生徒や保護者がアクセスできるようにしてほしいのです。

これからの社会では、競争の公正さが極めて重要になります。従来、公正な競争の代表は学校における学力競争でした。それが今崩れようとしています。

この崩壊を防ぐためには、かつての学力テスト以上に公正で正確なテストこそが必要です。全員が同じテストを受験し、自分の「順位」や「偏差値」というデータが自分自身にフィードバックされる。それが最も直接的かつ効果的なのです。勉学において自分は同年代のどの位置にあるのかを常に知らされるのは、最初は辛いかもしれませんが、若者が己を知る第一歩となるでしょう。

己を知ることは、人が社会で生きていくための大前提です。だから、社会に人を送り出す学校は、自分がどれほどの者なのか、何ができ何ができないのか、その「できる」というのは、どのレベルなのかを生徒に教えてやらなければなりません。幼児のような万能感を是正（心理学的去勢）してやるのは学校の責務なのです。

しかし、現実には、この重要な役割を学校が積極的に放棄し、肥大化した自己像をそのままにして社会に送り出すのをよしとする恐ろしい風潮が存在します。偏差値は万能ではありませんが、多くの子ども達の「万能感」を是正する力を持っているのです。

# 第二章　「宿命」を受け入れる潔さ

## 不平等社会論のいかがわしさ

ここのところ、学校教育を絡めて「不平等社会論」が盛んに主張されています。

・一流大学に入るためには、幼い頃から莫大な投資がいる。ところが教育に投資できる経済階層は限られており、貧しい親のもとに生まれた人間は、貧弱な教育しか受けられない。教育の機会が人々に平等に与えられていないのである。

・その上、社会から正規雇用の枠がどんどん減少しており、二流、三流の学校しか出ていない者が正規に雇用されるのは至難の業《わざ》である。その結果、多くの者が、より低賃金の派遣やフリーターといった形で働かざるを得ない。

・親の収入や財産により教育程度が決まり、教育程度によって雇用形態が決定する。しかも雇用形態により著しい所得格差が存在する。これで「平等な機会が与えられている」とは言えない。

昨今の不平等社会論を要約すれば、以上のようになります。

これらの主張はどれも説得力があるのですが、それでも私はこの手の議論の高まりにある種の「気持ち悪さ」「いかがわしさ」を感じることを禁じ得ません。

私が、近年の不平等社会論を信用できない理由は以下の二点にあります。

①不平等社会論者の多くが、「学力向上」を目指した教育改革に批判的である。
現在の日本社会が二極化に向かって進んでいることは否定できません。一九九〇年代末から最近まで続いたゆとり教育を巡る議論において、私を含め学力向上論者はその点を主張の根拠にしてきました。ゆとり教育による公教育のレベルダウンは、社会の二極化を推し進めることになる。公立高校から東大に行けないような社会は好ましくないと。

様々な調査により、子ども達の低学力化が明らかになり、ゆとり教育を巡る論議は、学力向上派が圧勝しました。今では文部科学省さえ「ゆとり教育」から「学力向上」に方向を転換しようとしています（この点であくまで失政を認めない官僚を抑え政治力で方向転換した中山成彬文部科学大臣の功績は後世まで称えられるべきだと思います）。

自治体においても、東京都は公立高校の復活を明確に政策目標とし相応の成果をあげていますし、市区町村では品川区や荒川区のように独自に学力テストを実施するところも出てきました。

しかし、昨今の不平等社会論者は、この動きが気に入らないらしいのです。私は不平等社会論者が学力向上施策を評価している例はほとんど知りません。しかも、対案が出てこない。ただただ、世の中は不平等だと嘆いている。少なくとも私にはそのようにしか思えないのです。

国民生活白書ではフリーターを「十五〜三十四歳」「学生でも主婦でもない」「パート・アルバイト（派遣等を含む）及び働く意志のある無職」と定義しています。しかし、現実は三十五歳以上のフリーターが増加し、彼らの子ども達が学校に通い始めているのです。

フリーターを親に持つ子がフリーターにならないためにはどうすればよいのか。不平等社会論者は本気でこの問題を考えたことがあるのでしょうか。いや、そもそもフリーターを親に持つ子どもというのを見たことがあるのでしょうか。

彼らが親と同じ道を歩まない最善の方法は、正規雇用をしてもらえるだけの学力をつけることです。しかし、彼らには公立学校に通う以外の選択肢はありません。塾で学力を身につけるという選択肢もありません。

フリーターがフリーターを生み続ける社会連鎖を制度的に阻止するのに、私には、公立学校を「学力向上」へとシフトさせる以外の方策は思い浮かばないのです。私の頭が固いからなのかもしれませんが、「学力向上」に対する代替案を出さない不平等社会論者への不信を拭いきれないのです。

②不平等社会論者が主張する「平等」は、全体主義社会でしか実現できない。

後で詳論しますが、一口に平等と言っても「機会の平等」と「結果の平等」は異なる理念です。「結果の平等」論が平等を具体的に捉えて、Aさんの年収が百万円でBさんの年収が一億円だとしたら、それ自体を不平等と捉えるのに対し、「機会の平等」論は平等を観念的に捉え、AさんがBさんと同じ学校に通い、同じ職業につく過程で法的な障害がなければ平等は実現されている、と考えます。

ところが、昨今の不平等社会論者は「機会の平等」を極めて実質的に捉え、親の年収によって私立の中高一貫校に通えるか通えないか、どの塾に通うか、といった点まで不平等社会論の視野に入れ、それが等しくないことをもって「不平等」と断じます。急進派の論者にいたっては「希望」という内心にまで踏み込んで、そこの格差をもって不平等だと主張する始末です。

学力向上論者も、私立中高一貫校が圧倒的に有利な状況を憂慮し、その処方箋として様々な手段による公教育のレベルアップを主張してきました。しかし、それでも完全な等しさなど期待できないし、期待すべきでもありません。

子どもを塾に入れるか否か、公立学校に通わせるか私立学校に通わせるか。それらは親が決めるべき事柄です。その結果として、子どもの教育環境に有利不利が生じるのは、いたし方ありません。それを否定するのは、教育論に名を借りた全体主義です。

実際、過度な平等を主張するあまり、親の教育権を否定するカルト教団は存在します。またカンボジアで国民の三分の一を虐殺したと言われる共産主義政党（クメール・ルージュ）も親の教育を否定しました。これらのごとき極端な全体主義社会でなければ、不平等社会論者の言う「平等な社会」など実現できない、というのが私の考えです。にも拘《かか》わらず、世を嘆く不平等社会論が跋扈《ばっこ》するのは、戦後教育の中で平等について、本質的な考察を怠ってきたからではないでしょうか。

平等という甘い誘惑の中で我々は何を失ったのか、本章ではそれを見ていきたいと思います。

## 「結果の平等」は見果てぬ夢

平等は民主社会にとって自由と並ぶ重要な価値です。

そして、ご存知のように平等には「結果の平等」「分配の平等」を求める考え方と「機会の平等」を求める考え方があります。

「結果の平等」「分配の平等」を求める人々は、おおむね次のように主張してきました。

現代社会は誰がどのような職業に就くかを自分の意思で自由に決定できる。その意味で「機会の平等」は保障されている。しかし、「機会の平等」をもって平等が達成されたとする主張は、強者の論理にすぎない。労働力しか売るものがない人にとって「機会の平等」は絵に描いた餅に過ぎず、現実には低賃金を甘受して雇用されるほか生きていく道がない。ところが、一方では一人で使えきれないほど膨大な資産を有し働かなくても一生安泰の富裕層が存在する。その理由は、富の分配が不平等だからである。従って、真の平等（つまり結果の平等）を実現するためには分配を平等にしなければならない。

このような考え方は人々を魅了しました。しかし、二十世紀に人類が膨大な犠牲を払って学習したことは、「結果の平等」という理想は、実現不可能だという現実です。高福祉社会により「結果の平等」を実現しようとしたヨーロッパ諸国は、長期の経済的停滞に陥り方向転換を余儀なくされました。より直接的に「結果の平等」の実現を目指した社会主義国家は、独裁と腐敗と人権弾圧を生み、時には人命さえ犠牲になりました。

我々が「結果の平等」にいかに憧れようとも、結局のところ自由と両立できるのは「機会の平等」しかない。それどころか、結果の平等を実現しようとした政策は、ことごとく人々を不幸にしていったのです。

## 公立学校に「お客さん」はいない

「結果の平等」に魅了されたのは、戦後の日本だけではありません。極端に言えば世界中の人々がそれを夢想した時代があったのです。そして、我が国の教育界には、その夢からいまだに覚めていない人々が大勢います。

その点を捉えて、教育界を目の仇《かたき》にする人も少なくありませんが、私は「結果の平等」vs「機会の平等」論を単純に教育界に適用するのは、正しい態度ではないと思っています。

先に述べたように、「結果の平等」は「分配の平等」によって実現されるというのが本来の主張です。そして、私は、主に税金で運営されている公教育にあっては、分配の平等は守りうるし、また守られるべきだと考えるのです。

投資効率だけを考えるならば、教育も他の分野同様、優秀な者を優遇する方が効率的です。それは塾や予備校を見れば明らかでしょう。予備校や塾にとっては、生徒をどの学校にどれくらい合格させるかが最重要課題であり、大多数の塾は最も優秀な生徒に最も能力の高い講師を充てます。今以上に進学実績をあげようとしている予備校では、優秀な生徒の授業料を免除（特待生扱い）しているところさえあります。

反対にできの悪い生徒は「お客さん」と呼ばれ、授業料を振り込んでくれて問題を起こさなければよい存在として扱われます。

全ての塾や予備校がそうだとは言いませんが、そういう実態が塾や予備校に存在することは事実です。これは経済効率性からの当然の帰結であって、仕方ありません。

優秀な者は乾いた大地が雨を吸い込むように知識を吸収していく。並の者はそれなりに。できの悪い者は教える側の忍耐が試されているかのごとく知識を受け付けない。学校に限らず、会社であれ職人の世界であれ、人にものを教えた経験のある人なら誰でも知っている真実です。

塾や予備校だって同じです。百の労力で二百にも三百にも成果が生まれるところにより多くの力を注ぎたい。成果が経営に直接結びつくのですから当然でしょう。

しかし、学校がそれでよいのかと問われて、直ちに首を縦にふる人は、そう多くはないはずです。

せめて学校の先生には、できの良い生徒もできの悪い生徒も平等に扱って欲しい。これが多くの人々の願いではないでしょうか。

公立学校の先生の給料は税金で賄《まかな》われています。しかもその約半分は国税です。ですから、先生が平等に生徒に接することは、公務員の労働力が平等に分配されていること、すなわち国富の平等な分配そのものなのです。

そして、このような「分配の平等」は戦前から戦後にかけおおむね守られていました。それが、ある時期から崩れ始めます。そのターニングポイントは、一九七〇年代後半でした。

## 金八先生はいい先生か

優等生と劣等生では、どちらが学校に対し郷愁を抱いているでしょうか。あくまで私の経験ではありますが、自分を劣等生という人ほど学校に対する郷愁が強いように感じます。そして、その郷愁の中心にあるのは、ダメな自分を見捨てなかった先生です。

この「劣等生にも平等に接する先生」に対する郷愁は、政治的立場に関わらず存在します。このタイプの先生が、最もデフォルメされた姿で描かれるのは、いわゆる「学園ドラマ」と呼ばれるテレビ番組です。

その草分けとも言われる「青春とはなんだ」というドラマがありました。夏木陽介さんが落ちこぼれ達をラクビーで鍛え直す。その過程で学校の古い体質との軋轢《あつれき》がある、といった内容でした。原作はご存知、石原慎太郎氏です。

「青春とはなんだ」で確立された「劣等生にも平等に接する教師」が学校の古い体質と戦うという構図は、学園モノのお決まりのパターンとなり、竜雷太さんに引き継がれ、営々と「スクール・ウォーズ」の照英さんまで続いています。

学園ドラマと現実を混同して議論するつもりは毛頭ありませんが、学園ドラマは現実の学校以上に人々がどのような先生を理想と考えているかをあらわしているとは言えるでしょう。「劣等生にも平等に接する教師」に対する憧憬は何も戦後にはじまったものではありません。どの時代にも共通する理想の教師像です。

しかし、高度成長が終わり、「いじめ」や「不登校」が教育界のメインテーマになった一九七〇年代後半、これらとは似て非なる「劣等生にだけ労力を割く教師」が理想像として登場します。

その典型が一九七九年から始まり今でも続くシリーズ「3年B組金八先生」です。武田鉄矢さん演じる金八先生は、青春シリーズの教師と同じように主に劣等生を相手にしていますが、両者には決定的な違いがあります。

青春シリーズの先生達は劣等生に、

「お前達は、勉強はできないかもしれないが、それ以外で必ず輝くものがある（ドラマの中では、大抵ラクビーやサッカーです）。だから、それをガンバレ、やり抜け」

というメッセージを送ります。

これに対して、金八先生が生徒に送るメッセージは、

「優等生も劣等生も同じ値打ちの人間だ。劣等生だって『そのまま』の自分でよいんだ」

です。

金八先生の方が「平等」で、学園モノ系の先生の方が「結局は優等生を上に見ている」と思う人があるかもしれませんが、そんなことはありません。金八先生には「生徒の育成」という要素が決定的に欠けているだけです。

そして、金八先生がいかに平等に接しようとしても、現実の（といってもドラマの中の現実ですが）生徒は、劣等生ほど多くの問題を抱えて悩んでいます。その悩みに金八先生は、我がことのように真摯《しんし》に取り組み、視聴者の感動を呼ぶという構造です。

その間、優等生はもちろん、並の子ども達の勉強はほったらかし、文句を言おうものなら彼独特の倫理観で説教されかねません。

部活時だけ劣等生を鍛える青春モノの先生と全く異なる倫理観、教育観がそこには存在します。こういう先生が、「理想的な教師」の一方の極として二十五年以上も存在してきたのです。

## 分配の不平等を責めない不平等社会論者

学力低下論によって、世間はようやく、「問題児」だけが問題なのではなく普通の子も優等生も問題を含んでいる、不登校やいじめだけが課題なのではなく学校生活の日常にこそ大多数の課題が存在する、という事実に気づきました。

教師の労力は、不登校児やいじめられっ子だけに振り分けられるべきではありません。できる子にもできない子にも「平等」に分配されるべきなのです。四十人学級で、いつもいつも教師の労力を独り占めするような子どもは、他の子ども達にとって迷惑この上ない存在であり、公共財を不当に独占しているといっても過言ではありません。

ところが、昨今の「不平等社会論」は、この点については沈黙を守ります。教育における不平等を訴えるなら、何よりも現実に起きている「教師の労働力の不平等分配」を批判すべきでしょう。

公立学校から東大に入れなくなった、幼い頃から塾通いをしていないと落ちこぼれる、だから日本は不平等社会だと大騒ぎする前にやることがあるはずです。

また、私は、こういう方々に伺いたいのですが、それでは古今東西に彼らの言う「平等社会」など存在したでしょうか。

ヨーロッパはもちろんアメリカだって、親の社会階層によって進学できる学校のレベルには雲泥の差が生じます。中国や韓国だってそうです。我が国を「不平等社会」と批判するのならば、他の諸国と比較して我が国の方が親の社会階層と進学先の相関関係がより高いと立証すべきでしょう。

自分の理想と異なるからと批判する態度は、建設的な議論を生みません。現在の日本をもって機会が平等に与えられていないと批判する人は、どの状態と比較してそうなのかを明らかにすべきです。

学力向上論者の多くは、階層社会を阻止すべきであるという視点から「ゆとり教育」を批判してきましたが、それは過去（とりわけ戦後の学歴社会）と比較して、公立学校に「ゆとり教育」を導入した場合に階層社会化が進むと考えたのです。決して、自分勝手な理想と現実を比較したからではありません。

その証拠に学力向上論者には、八木秀次氏（「新しい歴史教科書をつくる会」会長）から、百ます計算で有名な陰山英男氏（共産党系教職員組合で実践発表）まで、様々な立場の方がいます。

我が国は今でも「平等社会」です。誤解を恐れずに言うならば、今よりもずっと階層化が進んだとしても「平等社会」なのです。なぜなら、機会の平等とは、結局のところ観念的・理念的な平等だからです。

何度も言うように、平等を観念的に捉えるか、実質的に捉えるかこそが「機会平等論」と「結果平等論」の決定的な差異です。

もちろん、目の前の現実は不平等です。年収百万円の人もいれば、年収一億円の人もいます。しかし、天から与えられた能力が違い、努力が違い、金を稼ぐために費やしてきた時間が違うのであれば、年収の差異は甘受するほかないのです。そして、親を選べない子どもは、畢竟《ひっきょう》、目の前の親をその年収も含めて甘受するしか道がないのです。それを不平等と言っても仕方ない。まさしく「宿命」としか言いようがありません。

## 年収差よりも大きな様々な格差

親が有する様々なファクターにより、子どもが影響を受けるのは年収だけではありません。いや、東大を目指すような超上層部を除けば、実のところ年収はさほど重要な要素ではないのです。

子どもの学力を決定付ける最大の要因は親の知性そのものです。話していて「この人、頭がいいな」と感じる親の子どもは賢いし、そうじゃない人の子どもはそれなりです。まさしく遺伝です。

口の悪い私などは、学校に勤めていた時は、

「親のレベルと子のレベルは比例する」

と断言していましたが、これに異を唱える教師はいませんでした。

親が学校に対して協力的か否かも子どもの学力に大きな影響を与えます。さほど知的とはいえない親の子どもでも、親が学校に協力的な場合は、そこそこ優秀なことも少なくないのですが、親が知的でなく、かつ（メディアの浅薄な学校批判を真に受けて）学校に対して批判的な場合は、まず子どもは劣等生です。

また、家庭や地域の文化水準の差による子どもの学力差も存在します。

公立学校のベテラン教師は、学区域を一回りするだけでその学校のレベルが判ると言

います。

レベルの低い学校はどういう所か。地域に大規模な商店街のある学校です。私も商店街のすし屋の息子だったのであえて言いますが、商売人の子ども達は、サラリーマンの子ども達に比較して圧倒的に学力が低いのです。年収がサラリーマンより高い家庭でもこの傾向は変わりません。

商売人の家庭は、ほとんどが共働きです。子どもの学力については、幼い時に学習習慣をつけることが極めて重要ですが、商売人の子ども達で基礎的な学習習慣がついている者はほとんどいませんでした。親がそこまで見てやれないのです。

最近はサラリーマン家庭にも共働き家庭が増えてきましたが、子どもが小さい間は母親が専業主婦の場合がかなりの割合を占めます。また、子どもの面倒を見てやれないことに必要以上に罪悪感を持ったお母さんが、専業主婦にもまして教育に積極的な場合も少なくありません。

ところが、商売人の家庭は目の前に子どもがいますから、共働きサラリーマン家庭のような子どもへの罪悪感はありません。ただ「勉強を見てやれない」だけなのです。

という訳で、私の幼い頃から今にいたるまで、商店街の子ども達は悲しいくらい勉強ができませんでした。ですから、大規模な商店街を学区域に持つ学校は、どうしても学力が芳《かんば》しくなくなります。その分、地域が学校に協力的であるといったプラス面もありますし、最近はやりの「生きる力」は養われますが……。

では、どういう学校はレベルが高いのか。学区に国家公務員の官舎や銀行の社宅がある学校です。銀行員は一般的にサラリーマンの中で高収入ですが、国家公務員は決してそんなことはありません。生涯賃金はともかく、子育て期間中の年収は全くの並です。

ただ、国家公務員も銀行も極めて学歴社会色の強い世界ですから、自分自身が一流大学を卒業している人はもちろん、そうでない人の家庭も非常に勉強に対するモチベーションが高いのです。

かくして、学区に国家公務員の官舎や銀行の社宅がある学校の平均学力は著しく高いものになります。ただその反面、公立学校に対しては冷ややかな親が多いのも事実です。

学区に官舎や社宅を有する学校に準ずるのが、分譲マンションが建ち並ぶ新興住宅地にある学校です。そこに住むのは、大多数が正規雇用のサラリーマン達です。子どもに継がせる家業はない代わりに、塾に通わせるだけの収入があり、親の勉強に対するモチベーションは高い。その上、新興住宅地は間取りもグレードも同レベルのマンションが多くその点では大差がないので、お母様方の対抗意識が子どもの学力競争に向かいがちです。

私がかつて住んだ千葉の新興住宅地では、小学生が公園で遊んでいると〝塾にも通わないで遊んでいる〟と有名になりました。その地域の小学校は、県下でトップクラスの学力だったそうです（私はそんな場所で子どもを育てたくなかったので、早々に逃げ出しましたからあくまで伝聞ですが）。

これらの格差は「年収」ではありません。まさしく、家庭や地域が有する「文化」の違いなのです。

## 親は子どもにとって宿命である

誰も、人種、性別、国籍について、自ら選んで生まれてくることはできません。商売人の子どもも国家公務員の子どももサラリーマンの子どもも皆そうです。同様に、親を選んで生まれた子どもはこの世に一人もいません。

オギャアと生まれた時に親は所与の条件として決まっているのです。競馬に夢中の親より、書斎で研究書を読み漁《あさ》る親のもとに生まれた子の方が、成績優秀になる確率が高いことを「不平等」と嘆いても仕方ないのです。

親の年収も、それと全く同じです。

自分の力ではどうにもならない各人の所与条件を、我々は「宿命」と呼んでいます。そして、どの親のもとに生まれるかは、宿命中の宿命と言えるでしょう。親の年収や社会的地位、生まれた地域や家庭の文化レベルは所与条件です。何よりも遺伝子そのものを所与条件として親から受け継いで、我々は生きています。

しかし、それでも現代の日本では、いかなる親のもとに生まれようとも総理大臣以下あらゆる地位につける機会がある。親の地位が低いから一流企業に勤められない、親の所得が低いから東大を受けられない、などということは一切ありません。

各人の持って生まれた宿命を否定するのではなく、どのような宿命を持って生まれた人でも、本人の努力や才覚によってそれを乗り越える機会が与えられる社会。我々はそういう社会を望み、実現し、維持してきたのです。

学力向上論者と不平等社会論者の現状認識はほとんど同じです。たった一つの違いは、各人の有する所与条件の差を受け入れ、それでもなお開かれている扉に向って前進しろと子ども達を鼓舞し、それに応え得る学校であれと教育部門を叱咤《しった》激励するか、「スタートの位置が違うのにこんな競争をするなんて馬鹿馬鹿しい」と競争からの離脱を正当化するかです。

庶民の家に生まれたら、無理してエリートなど目指さず三百万円程度の年収で気楽に生きていく道を歩みなさいと薦める不平等社会論者は、実は最も人を差別している人なのではないでしょうか。

## 低学力は親の年収のせいではない

不平等社会論が力を得、論者本人ではなくメディアが安易に使うようになって、学力と年収を巡る議論はさらに混迷を深めています。

「親の年収が低いと塾にも行かせられないから子どもの学力が低くなる」という迷信が一人歩きしているのです。これは全くの誤解としか言いようがありません。「親の年収が低いと塾に行かせられない」というのは事実です。しかし、塾になど行かなくとも子どもは低学力にはならない。

高校生が塾なしで東大に行くのは至難の業ですが、東大に行く高校生と落ちこぼれの間には膨大な開きがあります。先の迷信は、そこのところを区分しないで議論している。

確かに学力と親の経済力には高い相関性があります。東京都が平成十五年度、全都の公立中学校二年生に実施した学力テストにおいて、自治体ごとの平均点と納税義務者一人当りの所得との相関性を調べたところ、相関係数は0・58とかなり高い相関性があることが判りました。基本的な学習条件が異なる区部と武蔵野市以下の多摩エリアを分離し、それぞれの相関係数を調べると区部0・66、多摩エリア0・84と相関性は一層高まります（資料1）。

ちなみに、相関係数とはマイナス1からプラス1までの値をとる統計学上の数値です。

資料１　子どもの学力と親の経済力　　（所得単位：100万円）

| 市区町村 | 納税義務者一人当所得 | 5教科合計平均点 | 市区町村 | 納税義務者一人当所得 | 5教科合計平均点 |
|---|---|---|---|---|---|
| 港区 | 751 | 373.8 | 国立市 | 458 | 388.7 |
| 千代田区 | 677 | 393.8 | 小金井市 | 458 | 408.9 |
| 渋谷区 | 620 | 388.3 | 町田市 | 453 | 381.0 |
| 文京区 | 541 | 394.1 | 三鷹市 | 450 | 382.9 |
| 目黒区 | 527 | 398.4 | 調布市 | 444 | 370.2 |
| 世田谷区 | 521 | 391.5 | 多摩市 | 443 | 386.0 |
| 中央区 | 514 | 379.5 | 小平市 | 434 | 383.6 |
| 新宿区 | 493 | 382.8 | 西東京市 | 426 | 387.2 |
| 杉並区 | 477 | 394.6 | 日野市 | 426 | 383.1 |
| 練馬区 | 435 | 378.7 | 狛江市 | 424 | 370.2 |
| 品川区 | 433 | 373.9 | 府中市 | 420 | 380.5 |
| 中野区 | 426 | 382.3 | 東久留米市 | 419 | 376.0 |
| 大田区 | 424 | 363.8 | 八王子市 | 418 | 371.4 |
| 豊島区 | 419 | 378.1 | 稲城市 | 408 | 368.0 |
| 台東区 | 416 | 370.7 | 東村山市 | 408 | 386.1 |
| 板橋区 | 392 | 365.5 | 東大和市 | 399 | 354.7 |
| 江東区 | 381 | 361.7 | あきるの市 | 394 | 349.2 |
| 江戸川区 | 377 | 358.9 | 立川市 | 390 | 370.1 |
| 北区 | 375 | 372.1 | 清瀬市 | 388 | 355.8 |
| 墨田区 | 366 | 357.2 | 昭島市 | 387 | 362.0 |
| 荒川区 | 366 | 355.0 | 羽村市 | 386 | 360.9 |
| 葛飾区 | 364 | 357.4 | 青梅市 | 384 | 361.9 |
| 足立区 | 359 | 350.5 | 武蔵村山市 | 376 | 344.4 |
| 武蔵野市 | 498 | 395.0 | 福生市 | 375 | 353.4 |
| 国分寺市 | 470 | 398.2 | 平均 | 441 | 374.5 |

資料2　学力テストの問題

1　次の計算をしなさい。

(1)　$5-(-3)+(-4)$

(2)　$7+2\times(-6)$

(3)　$3(x+2y)-(5x-y)$

5　絵を見て，英文がその内容を表す文になるように，（　）の中に入る最も適切な語をアからエまでの中から一つ選び，記号で答えなさい。

(1)

Tom is(　)with his dog.
ア　sleeping
イ　running
ウ　studying
エ　swimming

(2)

She has (　) books.
ア　many
イ　a
ウ　a few
エ　a little

(3)

It is very (　) today.
ア　hot
イ　cold
ウ　warm
エ　cool

「平成15年度　中学校　学力向上を図るための調査」
中学校第2学年　数学第1問　英語第5問

値がマイナスの時は負の相関（本件では、親の年収が高いほど得点が低い）、ゼロの場合は無相関（親の年収と得点に何の関係もない）、プラスの時には正の相関（親の年収が高いほど得点が高い）を表します。

これをもって「親が貧乏だと子どもの学力は低い」と主張するのは簡単です。しかし、このデータの前提になったテストの低レベルぶりを見れば、その議論のバカバカしさがお分かりになると思います（資料2）。

こんな試験が解けることと親の経済力になんの関係があるのか。この程度の問題が解けない理由に親の経済力を持ち出す必要があるのか。

勉強ができないのは本人の責任であり、勉強させようとしない親の責任であり、勉強を是としなくなった昨今の学校や教育言論の責任です。

「親の年収が高くなければ東大に入りづらい」という問題は、それはそれで解決・緩和する必要はあります（公立小学校から公立高校にいたるまでの徹底した「学力向上」策こそがその解決方法だと私は信じています）が、それと「貧乏人の子どもは学力が低い」という問題は直接には関係ない。この低レベルな問題を見れば明らかです。

現在の「勉強のできない子」というのは、想像を絶するほどにできません。二桁の足し算が暗算でできない、九九も七の段や八の段になるとあやしい。複数桁の割り算は、筆算でも時々間違う。英語の現在進行形の作り方が判らない等々、数え上げればきりがない。そういう子どもが義務教育で製造され、全入となった高校を通り抜け、最近では事実上無試験と化した底辺大学にまで入り込んでいるのです。

## 百円で構築できる学力の基礎

私は、最近「トランプ計算」という計算遊びを考案し、その普及に努めています。トランプはご承知のように1から13までの数字が四セットそろっていますから、カードの数を全部足すと364になります。そのトランプの数を、一枚一枚声に出して足していく。ただこれだけの単純な遊びです。

百ます計算をご存知の方は多いと思います。岸本裕史氏が考案した百ます計算は、我が国の初等教育において最も有意義な発明の一つです。その百ます計算が、最近、陰山英男氏の功績によって、教育界を超えて世間に知られるようになったのは喜ばしい限りです。私の周りにも子どもに百ます計算をさせている親御さんは少なくありません。

しかし、百ます計算には致命的な弱点があります。

日教組的思考から離れられない人のように、

「計算速度を競わせるような教育はまずい」

といったくだらない批判をしようというのではありません。

そうではなく、百ます計算は、教室で学力をつけるのには向いているけれども、家庭教育、とりわけ低学力児の家庭教育には不向きだというのです。

というのは、学力の低い子どもというのは、そもそも家で机の前に座らないからです。机の前に座らない子どもに百ます計算をさせろといっても不可能です。

「馬を水のみ場に連れて行くことはできても馬に水を飲ませることはできない」という諺《ことわざ》がありますが、低学力児の家庭は、馬を水のみ場に連れて行くことさえできない家庭がほとんどなのです。

だとすれば、机の前に座らなくても計算力を強化できる方法が必要になります。それがトランプ計算です。幸い、このトランプ計算は東大受験漫画『ドラゴン桜』（二〇〇五年七月からTBS系でドラマ化）でも紹介され大きな反響を呼びました。

トランプなど今では百円ショップでも売っています。こんなものをやるのに金持ちも貧乏人もありません。誰だってできる。いきなりカード全部を足すのが大変ならば、ハートの1から10までを足す（合計は55になります）遊びから始めてもOKです。テレビやテレビゲームの合間に寝転びながらトランプ計算を一〜二ヶ月もやれば、少なくとも小学生段階で低学力に陥る心配はありません（小学生の学力差はほとんどが算数で生まれます）。

でも、実際は小学生どころか中学・高校生になっても295＋13の答えがすぐ出てこない子ども達が大量発生しています。これを「親の経済力」云々で語るのは、全く意味のないことだとは思いませんか。

## 「仰げば尊し」の二番を歌えますか

繰り返しになりますが、昨今の不平等社会論はただの言い訳です。

公立高校の教諭は、

「東大はともかく、早稲田・慶應クラスなら塾や予備校に通わなくても、学校の授業と一日二時間程度の家庭学習で充分合格できる」

と口をそろえます。

そして、早稲田・慶應クラスの大学を卒業して「学歴」で泣かされる業界は、ほとんど（皆無とは言いませんが）ありません。ですから、公立しか行けなくても、塾に通えなくても、「扉」は開いています。

ただ、一日二時間程度の勉強をきちんとし、自力で「扉」を潜り抜けられる生徒が公立高校では極少数になってしまったのです（だから、公立小中学校からの「学力向上」に向けた改革が不可欠なのです。公立高校だけが優秀になっても、塾に通える裕福な家庭の子が公立名門校に行くだけです）。

テレビを中心としたマスメディアは、

「一流大学を出て大企業に入れば一生安泰という時代は終わった」

「大学を出ても就職難でフリーターになる者は多い」と、あたかも勉強が人生に役に立たないがごとき情報を流しつづけます。

これら一つ一つの情報は確かに事実ですが、情報が総体として発するイメージは真実ではありません。大学のレベルとフリーターになる率は明らかに相関していますし、同じフリーターでも、外食産業の中高卒フリーターと、オフィスでワードやエクセルで仕事をしている大卒フリーターでは時給が違います。

所得税率の平準化、人材派遣業の自由化、郵政民営化、公共事業の整理削減など、ニューリベラリズムに基づく改革が次々と実施されている社会にあって、学歴と収入の相関性（高学歴の者ほど高い収入を得る傾向）は、一層高まっていくでしょう。事実、ニューリベラリズム革命の先輩であるアメリカでは、一九八〇年代から一九九〇年代にかけて学歴による賃金格差は広がりました。

メディアがそれを伝えないのならば、学校こそが真実を伝えなければならないはずです。厳しい現実を伝えることは、勉強のモチベーションを高める近道なのに「人格の完成」（教育基本法）という崇高なお題目に縛られた戦後教育にはそれができないのです。

しかし、教育基本法がどれほど立派な題目を唱えようとも、学歴社会は続きます。学歴社会以前は身分社会でした。人がどういう社会的ポジションにつくかは基本的には「生まれ」によって決まりました。これを否定して能力主義によって人材を登用しようという試みは、聖徳太子の冠位十二階を始めとして歴史上何度も登場し、結局は身分社会の前で挫折していきました。

そして、制度的な能力主義として登場し、身分社会を打ち砕いたのが学歴社会なのです。ですから「学歴社会の終焉」など簡単に来るはずがない。何せ、有史以来続いた強固な身分社会を打ち砕いて誕生したシステムなのですから。

昨今の不平等社会論だって、学歴社会が続くことを前提に「貧乏人が東大に行けないのは問題だ」と主張しているのです。

皆さんは、「仰げば尊し」の二番の歌詞をご存知でしょうか。

立身出世主義がけしからんと攻撃されて戦後歌われることのなくなった二番を堂々と歌える日が来ないかぎり、子どもが学校に行って「勉強しなきゃ」と思う日は来ないでしょう（資料3）。

【資料3】

仰げば尊し　　文部省唱歌

仰げば　尊し　わが師の恩
　教えの庭にも　はや　いくとせ
おもえば　いと疾し　このとし月
　いまこそ　わかれめ　いざさらば

互いに　むつみし　日ごろの恩
　わかるる後にも　やよ　わするな
身をたて　名をあげ　やよ　はげめよ
　いまこそ　わかれめ　いざさらば

朝ゆう　なれにし　まなびの窓
　ほたるのともし火　つむ　白雪
わするる　まぞなき　ゆくとし月
　いまこそ　わかれめ　いざさらば

# 第三章　「不条理」を生きぬく図太さ

## 戦後教育は誰を不幸にしたのか

教育の良し悪しは畢竟「人を幸せにするか否か」によって決まるものだと思います。ですから、戦後教育が多くの人を幸せにするのなら、いかに保守派の人々がこれに文句を言おうともこれを守りつづければよいのです。

逆に戦後教育が多くの人々を不幸にするとしたら、これを改める方策を考えなければなりません。

私は、戦後教育は、今を生きる全ての世代の人々を不幸にしかねないと思っています。そして、多くの人々は自身の不幸の原因に学校教育が大きく関わっていると気づいていません。その意味では、天皇陛下のために死ねと教えた戦中教育以上に罪深い要素を持っています。

例外的に戦後教育によって自分達が不幸になったと自覚できた世代は、明治・大正生まれの方々でした。

教育勅語が廃止され、学校で人生の先輩を敬えと教えなくなりました。目上の方への敬意は順送りで行われるはずです。自分が行ってきたことを後輩からされるという意味で、年金と同じシステムです。それが価値観の転換によって「尊敬年金」を掛け捨てにされたのです。この世代の方々が、今の学校教育を恨むのは無理のないところでしょう。

戦後長らく、不幸はそこで終わるものと思われていました。

・明治・大正生まれのご老人が不幸なのは、彼らが新しい民主的な価値観に乗り換えられないからである。戦後教育は個人の幸福に最高の価値を置く。個人の幸せを最大にするために、学校教育を通じて「平和」「自由」「民主主義」の素晴らしさを教えなければならない。

・逆に個人を抑圧する存在（戦争で個人を死に追いやった国家、封建的な因習から脱却できない地域社会、個人の自由を奪おうとする古い家族意識など）は学校教育を通じて是正していく。そうすれば、社会の全員が幸せになれる。

これが戦後教育の基本テーゼだったのです。

## 「新老人」は尊敬されない

しかし、戦後教育を受けた第一世代が老人になった時に明らかになったのは、戦後教育を受けた老人は、戦前・戦中教育を受けた老人以上に尊敬されないという悲しい現実でした。

我々は、教育勅語や歴代天皇をそらんじる知識に対しある種の畏敬の念を持ちます。自分とかけ離れた力や知識を有する者に人は畏《おそ》れを抱きます。ジェネレーションギャップがある種の「畏敬」を生んだのです。

私が若かりし頃接した明治生まれや大正生まれのご老人達は、戦後二周目世代の自分とは行動様式、感性、知識において隔絶していました。しかし、そういう方々も段々と少なくなり、今では戦後教育しか受けていない世代が、年金をもらう年頃になってきました（この人たちを「新老人」と呼ぶことにします）。

そこで、こう申し上げては失礼なのですが、新老人と接して「畏敬」につながるようなジェネレーションギャップを感じることはほとんどありません。

日本は、いま急速にジェネレーションギャップのない社会に突入しようとしています。子どもから大人まで好きな色で髪の毛を染め、子どもが「モーニング娘。」に夢中になれば、お婆さんは「杉サマー」、お母さんは「ヨンさまー」と嬌声をあげる。親子三世代が集まる日には、一家でカラオケに行く家族も珍しくありません。

また、同じ戦前教育といっても明治世代と大正世代には明確なギャップが存在しました。戦中教育世代でも「尋常学校」世代と「国民学校」世代には微妙な違いがあります。ところが、戦後教育を受けた人たちには、このような世代ギャップが見られないのです。

## 醜い戦後教育の申し子

さて、こうしてジェネレーションギャップのない社会を手に入れた我々は幸せな老後を得るのでしょうか。答えは残念ながらノーです。

より正確な答えを言うならば、

「その人の老後が幸せになるかどうかは従来どおりその人によるが、ジェネレーションギャップのない時代は、ギャップがあった時代よりも遥かに『幸せな人』と『不幸な人』の格差が広がる」

でしょう。

ジェネレーションギャップによって現役世代は老人を「自分達とは違う何者か」であると認識しました。

尋常小学校しか出ていない方が、思わぬ歴史上の人物や名場面を知っていたりすると話に聞き入ってしまうのは私だけではありますまい。もちろん、そんな時は誠心誠意、敬意ある態度を取るように心がけます。〝この人は自分とは違う人間である〟という意識が、私のような不遜な人間にさえ敬意を引き出させるのでしょう。

ジェネレーションギャップは知識だけではありません。朝日を拝むお婆さん、皇室関連の事物を見聞きするだけで背筋が伸びるお爺さん。そういう方に対し、我々は無礼な態度を取れないのです。

ところが新老人は、その辺りの感性が全く我々と変わりません。それを実感した出来事が数年前にありました。

友人達と相撲を見に行ったところ、偶然、天覧相撲（場所中に天皇陛下が臨席される日の相撲をこう呼びます）となりました。カバンの中をチェックされ、入場するまでに思わぬ時間を費やしたのですが、それに対して文句を言っているのは、新老人とおぼしき人たちばかりでした。

旧老人は思わぬ偶然に嬉しそうでしたし、若い人たちも相撲を見に来るような方だからとは思いますが「天覧相撲なら仕方ない」と大人しく待っていました。ところが、新老人の一部は、「こういう場面で文句の一つも言うのが『民主的』で正しいのだ」とでも思っているのでしょうか、わざと大声で文句を言ったり、ふてくされた態度をとったり……本当に醜い。その醜さは、授業中に急に小テストを受けさせられてふてくされる小学生さながらでした。

相撲は神事を起源としており、他のスポーツ観戦とは本質的に異なります。取り組み前に塩を撒《ま》くのも神事だからです。偶然の天覧相撲に不満を抱くような人は、国技館など行かずに家で横になってテレビ観戦してればよいのにと思うのですが、戦後教育的価値観だけが絶対だと信じる新老人には通じないようです。

彼らは二周目以降の人間よりも、素直な「戦後教育」の信徒なのです（その点がジェネレーションギャップであると言えなくもないのですが）。

## 中高年の離婚は必然だが……

でも、新老人の不幸は下の世代の不幸に比べればましなのかもしれません。現在、四十～五十代の中高年は、新老人同様下の世代から尊敬されないだけでなく、もっとリアルな不幸に襲われています。

団塊の世代及びそれより下の世代で、中高年の離婚が当たり前になっているのです。妻の年齢を基準としたときの〝四十歳代の離婚〟は一九八〇年に二万件強だったのが、団塊の世代が四十代となった一九九〇年代に四万件を超えました。現在の四十代は団塊の世代と団塊ジュニアの谷間におり、世代の人数は少ないのですが〝四十歳代の離婚〟は相変わらず四万件前後で推移しています。

四十代といえば、家族のテーマが「子育て」から「教育」へと変わり、学費や塾費用などでお金も一番かかる頃です。さらに親の気力・体力にもほころびが目立ち、早い人では介護問題に直面する年頃でもあります。そういう大切な時期に離婚が増えるというのは、どういうことでしょう。

戦後教育の価値観では「個人の幸せ」が絶対であり、それを阻む古い家族意識は悪とみなされます。

ここでいう古い家族意識とは、「家柄を誇る」とか「先祖代々のものを大切にする」とか「舅《しゅうと》姑《しゅうとめ》に仕える」といった意識です。こういう意識は封建的なものであり、民主的な学校教育により正されるべき価値観でした。

新老人たちは、学校では戦後教育を受けましたが、学校に上がるまでは昔ながらの家父長制で教育されていました。ですから、「三つ子の魂」ではありませんが、家のために個人を犠牲にするメンタリティーを不合理と感じながらも有しています。

しかし、現在の中高年は家庭でも戦後教育を受けているので「家制度」に基づく価値観を躊躇《ちゅうちょ》なく否定できます。個人の幸せを求めるために「家」が邪魔なら家を出て行けばよいのです。

子どもの教育に労力よりも金銭が必要な年頃になれば、夫婦は一緒に生活する必要がなくなります。費用分担の合意が得られれば離婚すればいいのです。

年老いた義理の親を介護するくらいなら、離婚した方がましだと感じる人も増えるでしょう。個人としてどちらが幸せかを考えれば、結論は決まっています。幼い頃に面倒を見てもらった実の親ならともかく、義理の親のために何故自分が犠牲にならなければならないのか。この素朴な疑問に対する明確な反論を、戦後教育は持ちえません。

配偶者に対する恋愛感情など、せいぜい子どもができるまでしか持ちませんし、家族としての連帯感も子どもが成人すればなくなります。

今でも「実家」という言葉は使われていますが、この概念は家制度があって初めて成り立つものです。セックスなどとっくにしない、恋愛感情など欠片《かけら》もない、子どもも成人した、それでも家制度がある限り夫婦は「実家」として存在する意義がありました。

しかし、家制度は法的には戦後すぐの民法改正により、実態的には戦後教育により、数十年かけて解体されました。今や愛の冷めた中高年が夫婦でいつづける理由はありません。

中高年の離婚が増加するのは、個人の幸せを追求する限りむしろ当然の姿なのです。問題は、中高年シングルが恋愛市場に再び参入できるのか、恋愛市場に参入しないとしたらパートナーのいない孤独に耐えうる精神力を有しているのかです。どちらかがあるのならば、確かにその人は「家」に縛られているよりは幸せかもしれません。ですが、残念ながら私の見るところそういう人は少数派です。

多くの中高年には、「下の世代から尊敬されない」「老後を共に過ごすパートナーもいない」「誰からも愛されない」惨《みじ》めな未来が待っているでしょう。とりわけ男性は、年を取ると友人を作るのが下手になるので、惨めさはひとしおだと思います。

## 「負け犬」増加も当たり前

こういう先輩の姿を見て、次の世代は「安易な結婚」をしなくなります。

資料4は、国勢調査から抽出した「年齢階級別未婚率の推移」です。女性・男性とも

資料4 年齢階級別未婚率の推移

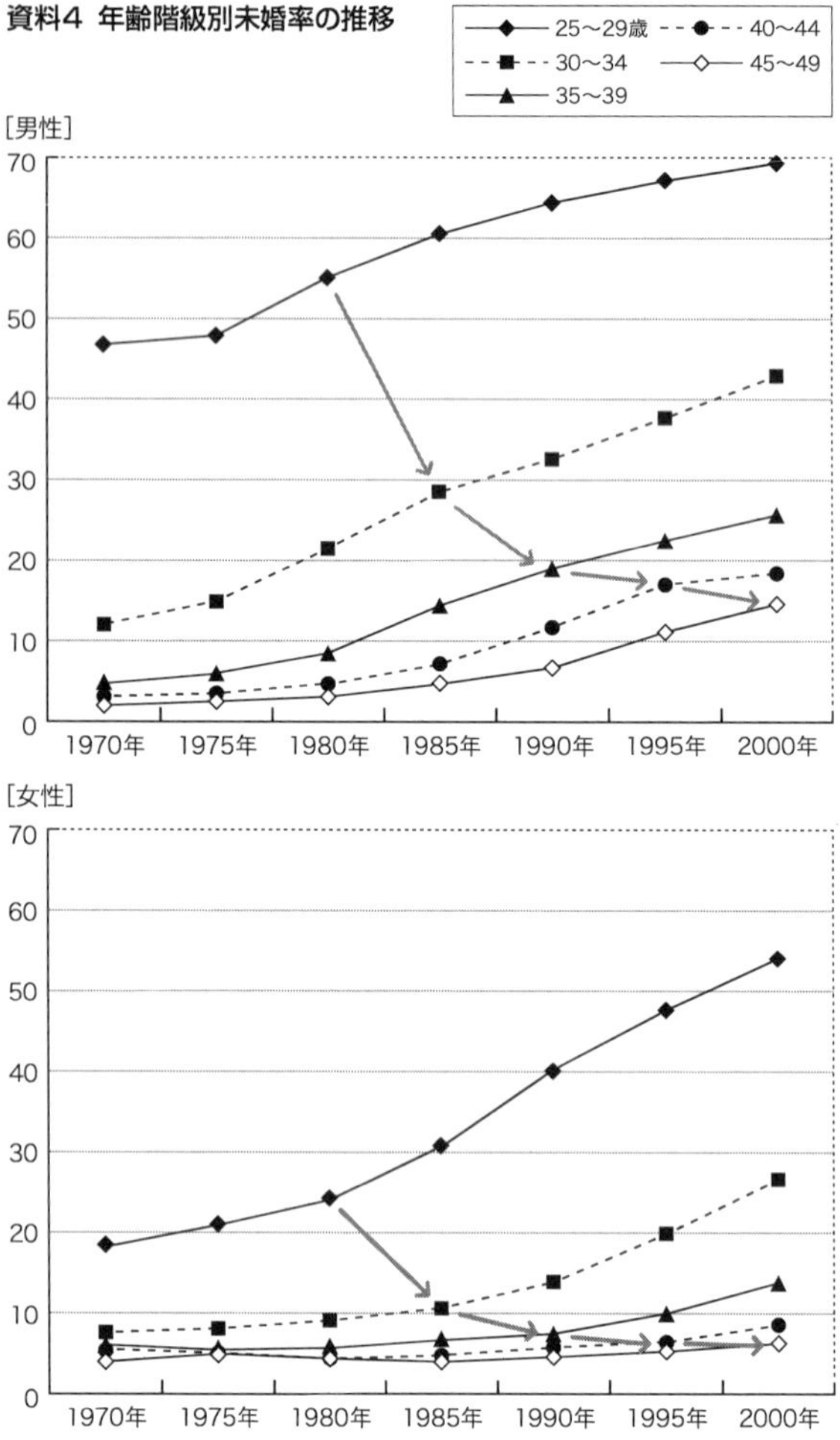


厚生労働省「女性のライフスタイルの変化等に対応した年金の在り方に関する検討報告書資料編」より

に晩婚化が進んでいることは一目瞭然ですが、これを単なる「晩婚化」と捉えるのは早計です。二〇〇〇年時点の二十五〜二十九歳と四十五〜四十九歳では世代が違います。二〇〇〇年段階で未婚である二十五〜二十九歳が二十年後に結婚するか否かは不明なのです。

この表から二〇〇〇年に四十五〜四十九歳だった世代の動向を追うと、三十五歳で結婚していなかった人は、その後も結婚しないで生きていく傾向が見て取れます。この表が現しているのは「晩婚化」だけではなく「非婚化」でもあるのです。

そして、この非婚化傾向にも拍車がかかると予想されます。何故、下の世代ほど「安易な結婚」をしなくなったのか。ここでいう「安易」という概念は、従来とは相当に異なるので解説しておく必要があるでしょう。

まず、セックスをしないままする結婚は明らかに「安易」です。相手が不感症やインポテンツだったら、結婚生活が不幸になるのは目に見えているからです。また、最近では、同棲しないで籍を入れるのも「勇気のある」行動と捉える人がいるようです。

そのうち、

「あなたと結婚しようと思うので両親に会いたい」

というセリフがプロポーズの意味ではなく、文字通り「両親を見てからあなたとの結婚の是非を考える。鬱陶《うっとう》しい舅や姑ならもちろん、介護が必要になりそうな親だと結婚しない」という意味になる日が来るかも知れません。

ただ、このような、相手を選べる立場にある人は恋愛強者です。彼らとは逆に、二十代や三十代になっても恋愛経験ゼロの人も少なからず存在します。

最近、三十代・未婚・子どもなしの女性を「負け犬」と呼ぶ風潮がありますが、こちらは、仕事も恋愛も充実していて、それを「結婚ごときで捨てられない」と感じる人が、主婦を見下したうえであえて自虐的に表現した言葉です。

そういう「勝ち組、負け犬」ではなく、本当の「負け組、負け犬」が実は大勢います。女性だけではありません。男性にも、結婚はおろか恋愛もできない「真性負け犬」が、女性以上に大勢いるのです。

これらを救うのが（家意識をベースにした）「見合い結婚」でした。しかし、「見合い結婚」は過去の遺物になり、戦後教育の価値観からは「正しい結婚」である恋愛結婚が圧倒的主流になりました。

恋愛できない者は結婚できない世の中になったのです。ただし、誰もが恋愛市場から自前で相手を調達できる訳ではないので、結婚相手を紹介するビジネスが隆盛を極めており、経済産業省によると事業者は約三千百社で、その市場規模は三百億円といわれています。

これら「結婚紹介ビジネス」は、恋愛結婚という結婚形態と対立するものではなく、あくまで恋愛結婚至上主義という価値観にのっとった上で、恋愛弱者をサポートする存在に過ぎません。

その証拠に結婚披露宴で、

「新郎は雑誌で見かけた結婚相手紹介会社に三十万円払って新婦を紹介され、それがきっかけで付き合い始めました」

と紹介する司会者はいません。

そして、この恋愛結婚至上主義こそ、家制度を否定し個人の幸せを追求した戦後教育の論理的帰結なのです。

## 「不登校」の末の「ニート」「フリーター」

では、若者たちはどうでしょう。

「子どもが不登校になったら赤飯を炊くほどよいこと」だという主張がありました。今でもその手の本が売られています。

学校には理不尽な校則がある、不条理ないじめもある。そもそも教師の方が生徒より偉いという価値観が平等原則に反している。こんな学校に何の疑問も感じずに通っている方がどうかしているのだ。不登校になる子どもは、学校の理不尽や不条理に気づいた子どもだ。これは成長の過程である。赤飯を炊いてもいいくらいメデタイことだというのです。

国家、地域社会、家制度が有する不条理を、個人を抑圧するものだと否定してきた学校が、自分自身の不条理性を生徒個人から突きつけられたのですから、「不登校赤飯論」にも一理あります。

しかし、実際に不登校になる子どもで、親が「赤飯」を炊きたくなるほど立派に成長した子どもはめったにいません。心優しき教師達は大きな声では言いませんが、不登校児の多くは「あの子ならそうなっても仕方ない」と思わせる子ども達です。

ところが、「わがまま病」「育て方のせい」と批判されてきた不登校を、文部省（当時）が「誰もがなる可能性がある」と認めた途端に、一転して不登校がよいことであるかのごとき言論が勢いをましました。

これに歩調を合わせるように、不登校児を極端に優遇する施策が生まれました。一日も出席しなかった中学生を卒業させるのは当たり前、不登校児のための高校まで創る始末です。

中学校は確かに義務教育ですが、一日も出席しない者を卒業させてよい理屈はありません。今でも、家庭の事情で中学を卒業できなかった人のための夜間中学は存在します。一日も出席しない不登校児を卒業させるなど、働きながら夜間中学で学ぶ人々への冒瀆ではありませんか。

不登校児のための高校にいたっては言語道断です。中学を卒業させたこと自体が間違いなのに、彼らのために普通よりも卒業しやすい高校を作ってやる。昼夜逆転しているのなら朝から学校に行かなくてもOK。単位もゆっくりと時間をかけて取ればよい。そんな高校が、まともに勉強している子どものための学校よりもずっと多額の予算をかけて運営されているのです。

ここまで甘やかされた子ども達の行く末は、よくてフリーター、普通に行けばニートでしょう。

確かに学校には不条理な点が多々ありますが、それでも社会よりはずっと「ぬるい」世界です。そんな「ぬるい」世界に耐えられない者が、厳しい社会で逞《たくま》しく生きていける訳がないのです。

## 合理性や正しさは人を幸せにしない

なぜ、老人は尊敬されず、中高年は愛されず、年頃の者は結婚に躊躇《ちゅうちょ》し、若者は定職を持たず、子どもは学校に行かないのでしょう。

この問いに答えるには、発想を逆転させることが必要です。

他人が自分より年をとっているからといって尊敬しなければならないのでしょうか。家計を支えているからといってしょぼくれた中年オヤジを、家事をしているからといって愚痴ばかりこぼす中年女を、愛さなければならないのでしょうか。結婚せずにセックスしても同棲しても子どもを産んでも批難されない（のが戦後教育では「正しい」ということになっている）のに、結婚する必要があるのでしょうか。無能な上司にこき使われるために定職につく必要があるのか、塾以下の授業しか提供しない学校に行く必要があるのか。

戦後教育的価値観からすれば答えは全て否です。

今我々の目の前にあらわれつつある現実こそが、「合理的」で「正しい」のです。しかし、その合理性や正しさは決して人々を幸せにしない。人は多少の不条理があろうとも共同体の中にあってこそ「幸せ」を感じるのではないでしょうか。

外国の企業が明確な機能集団であるのに対し、我が国の企業はある種の共同体でした。なぜ、日本のサラリーマンは平気でサービス残業をするのか、年功序列に郷愁を覚えるのか、それは、つい最近まで企業が共同体だったからです。

国家も地域社会も家も、すべて共同体です。そしてあらゆる共同体には、いかんとも説明しがたい不条理が存在します。

国家は人に殺人を禁じながら、時に戦争を起こし恒常的に死刑を執行します。かつて地域社会は消防団や祭への参加を強要しました。家制度は、本来平等であるべき子どもを嫡男とその他で差別しました。

こういう不条理を教育の力で正すのが戦後教育の役目でした。しかし、不条理が共同体の不可欠な要素であるとしたら、全ての不条理を取り除くことは共同体の死を意味します。共同体の不条理を正そうとした学校教育は、実はせっせと共同体そのものを破壊していたのです。

繰り返しますが、共同体の本質は不条理にあります。もう少し丁寧に表現するならば、「いかにも合理的な規範だけでなく、一見不条理に見える規範も含めて構成員がこれを受け入れることで共同体はなり立っている」のです。

## 脱線事故は誰の責任か

しかし、戦後教育が不条理を理由に共同体を否定しようとも、人々は共同体への郷愁を捨てきれませんでした（人は群れで暮らす動物なのですから当然です）。血縁社会や地域社会が共同体色を薄めれば薄めるほど、人は一日の長い時間を過ごす企業に心の拠り所を求めました。企業が現在ほど共同体色を強めたのは戦後だと言われる所以《ゆえん》です。

ニューリベラリズムが浸透し、企業は株主のモノであるという資本原則がメディアで強調されても、多くの日本人のメンタリティーはそう簡単には変わりません。サラリーマンはもちろん、そうでない人も、多くの方々は企業を今でも共同体と認識しています。

それを如実に示したのが二〇〇五年四月に起きたＪＲ西日本の脱線事故でした。この事故が、我が国の鉄道史上最大級の事故であったことは今更いうまでもありません。この事故を引き起こしたＪＲ西日本という企業の責任は厳しく追及されるべきです。

では、責任を厳しく追及されるべき「ＪＲ西日本」とは何でしょうか。誰の責任が追及されるべきなのでしょうか。

第一には、企業運営の責任者である代表取締役です。代表取締役は辞任を表明しました。辞任ですべての責任を果たせるとは思いませんが、彼が責任の所在を認めたことは確かです。次に、その代表取締役を選任した取締役会メンバー（専務や常務はもちろん、平取も全員です）、そして最終的な責任は、その取締役を任命した株主です。

もちろん、経済的には株主の責任は出資だけの限定的なものです。しかし、事件の前日までフジテレビvsホリエモン事件で、

「企業は株主のものだ。そんなことも判っていない人がいる」

と息巻いていた方々は、ＪＲ西日本の取締役陣を選任した株主の「所有者としての道義的責任」に言及してもよかったのではないでしょうか。

株主が取締役の選任責任を問われなかった代わりに、責任を問われたのは「ただの従業員に過ぎない」ＪＲ職員でした。事件当日にボウリングに行ったのはけしからん、宴会までやっていたのは許せん、とマスメディアに叩かれ続けました。

事故に関わっていないＪＲ職員には何の責任もありません。悪名高くなった日勤教育も取締役が決定したことです。過密ダイヤもそう、安全装置を旧型のままにしておいた

のも取締役が決定したことであり、従業員にそれを覆す力などなかったでしょう。企業を資本主義や法律的な観点から見る限り、ＪＲ職員はまったく責任を感じる必要はないし、プライベートタイムにボウリングに興じようが、宴会を開こうがまったくの勝手なはずです。

## ホリエモンが挑んだもの

しかし、企業を共同体と見るなら、答えは全く変わって来ます。

共同体の構成員の責任は、無定量・無限定です。悪しき結果と構成員の行いに因果関係がなくても責任を問われます。また、共同体内の別の構成員が犯した罪に対しては、常にしおらしい態度が要求されます。

家族共同体を例に考えましょう。未成年の子どもが重大犯罪を犯した時に、親は責任を問われます。保護監督責任があるのですから当然です。しかし、夫が重大犯罪を犯した時も妻には道義的責任が問われますし、その逆もしかりです。でも、夫や妻に配偶者の犯罪を止める力があるかどうかは甚《はなは》だ疑問です。

さらには、親が重大犯罪を犯した時には、何の責任もない未成年の子どもにさえ道義的責任がかかります。

親が殺人を犯して警察につかまったその日に、高校生の子どもがクラスの友達とファーストフード店で楽しくハンバーガーを食べていたら、近所の人たちは許すでしょうか。大都会ならいざ知らず、家族共同体意識が生きている地方では、確実にその高校生は批難の対象になるでしょう。

彼に親の犯罪を止めることは不可能だったはずです。刑法はもちろん、民法上の責任もありません。それでも地域社会は、ほとぼりが冷めるまで、彼が同級生と楽しく遊ぶことを許しません。家族共同体の一員としての責任を深刻に受け止め、しおらしい態度をとって初めて彼は同情の対象になるのです。

国家に対しても、我々は同様の共同体意識を抱いています。

日本国が第二次世界大戦中や植民地支配当時に中国人や朝鮮人にひどい事をしたと聞けば、大多数の人は心を痛めます。

もちろん、騒ぎ立てられる「日本国の極悪非道」には、現在の利益のために捏造《ねつぞう》された事実や誇張された事実もいっぱいあります。

しかし、中国や韓国・北朝鮮が騒ぎ立てる事実をただただ鵜呑《うの》みにして土下座するか、真偽を確かめ当時の国際状況を斟酌《しんしゃく》し反論すべきは反論するかは、インテリジェンスの問題です。

「もしも彼らが主張するとおりだとしたら、日本人はもっと反省しなければならない」と思う点までは、ほとんどの人に共通した感情です。

現代に生きる我々に、過去の侵略戦争や植民地支配をなかったことにするのは不可能です。中国に対する賠償責任問題は、とっくに決着しています。旧植民地諸国には、そもそも賠償請求権がありません。それでも、日本には、中国人や韓国・朝鮮人に対しては、言いたいことも言っちゃいけないようなムードに支配された人々が大勢います。

これこそが、共同体構成員の責任感覚なのです。

そして、我々はＪＲ西日本の職員にも同じ感覚を要求しました。企業人は共同体構成員たれ。ＪＲ西日本は、百人以上の方々の命を奪った。だとすれば、その構成員である

ＪＲ西日本の職員たるもの、頭《こうべ》をたれて反省の意を示すべきである。それをボウリングや宴会とは何事か、と。

これに対し、株主は「企業共同体」の構成員ではありません。ただの出資者です。だから、何をやってもお咎《とが》めなし。脱線事故当日、きっとボウリングや宴会をしていた株主は大勢いるはずです。

会社の所有者にして取締役の任命権者である株主は事件当日、何をしても叱責されず、ただ雇われているに過ぎない、事故防止に対し何の力もなかった職員には通夜のごとき神妙さを要求する。それは共同体意識からしか説明できないはずです。

実のところ、ホリエモンに対して多くの日本人が抱いた違和感も、企業を共同体と考えれば理解できます。彼は、フジサンケイグループという「共同体」を金で買おうとしたのです。企業は株主のものだという彼の主張は正論です。しかし、一方で企業は共同体でもある。その共同体の所有者になろうとしたことで違和感が生じたのです。

もしかするとホリエモンは、フジサンケイグループではなく、企業共同体幻想という日本人の信仰に挑んでいたのかもしれません。

## 「共同体教育」の場が消えた

日本人に限らず、現代人は複数の共同体の構成員として生活しています。家族の一員であり、地域住民であり、国民である。さらに日本の場合は企業も共同体として機能していたのでそこにも強烈な所属意識を有していました。人は、共同体に所属することで（小さな不満を抱きつつも）心の安寧を得られたのです。

そして、社会に出て様々な共同体の構成員になった時の基本的な行動様式を教えること（ここでは「共同体教育」と呼びます）が、家と学校の重要な役割でした。

ところが、一九七〇年代以降、核家族化が進展し家の共同体教育機能が著しく低下します。本来ならば学校は家の機能を補完すべきでした。しかし、実際は家の機能低下と歩調を合わせて、学校も共同体教育の役割を捨てていったのです。

先に「全ての共同体は不条理である」と述べました。共同体構成員の行動様式を身に付けるとは、この不条理をも含めて受け入れることを意味します。

一九七〇年あたりまでは、学校もまた他の共同体同様、子どもに不条理を受け入れさせることを是としてきました。その最たるものが「校則」です。髪の毛の長さ、制服の丈、靴下の色等々、様々な物事がさしたる合理性もなく校則で決められていました。

戦後教育を絶対善と信じ学校に「合理性」を求める人々は、この校則を廃止しようとしました。最初は丸坊主を廃止する程度の大人しいものだった動きは、どんどん過激になり制服廃止、全ての校則廃止へと進展して行きます。そして、学校は教師と生徒からなる共同体から、生徒を預かるだけの「青少年用保育園」へと変貌しました。

世の中には「お約束」があります。ある社会が共同体として機能しているか否かは、この「お約束」がどの程度通じるかによって決まるといえるでしょう。今、学校では、大人が当然だと思っている「お約束」が通用しません。

教師とは敬語で話すものという「お約束」、授業の始めには起立をするという「お約束」は失われました。人は平等だからです。生徒は髪の毛を染めないという「お約束」もなくなりました。どんな格好をするかはその子（又はその親）の自由だからです。

戦後教育の金科玉条たる「平等」や「自由」の前では、校則も「お約束」も無力でした。これらが消えたことで、学校の共同体教育機能は確実に低下していったのです。

## 通過儀礼としての学校

多くの共同体は、準会員から正会員になるに当って通過儀礼を要求します。

江戸時代まで、武士は子どもから大人になるために元服という儀式を必要としました。元服の中で最も重要な要素は切腹の作法を習うことです。命という代償を払って責任を取れることが武士社会という共同体の正会員になるための要件であり、その作法を習うことが通過儀礼だった訳です。

もちろん、正会員になるのに通過儀礼を必要とするのは武士だけではありません。農民達にも若衆宿、娘宿で様々な通過儀礼が待っていました。

武士であれ農民であれ、通過儀礼には不条理が伴います。何よりも、「反抗が許されない」というのが合理的ではありません。

では、現代における通過儀礼とは何かというと、やはり学校生活です。意外かもしれませんが、日本以外の先進国では学校生活がしっかりと通過儀礼として機能しています。ところが、日本だけが機能していない。日本の学校の通過儀礼機能が著しく劣っていることは、高校生の意識調査にしっかりと現れます。

我が国の高校生だけが、「先生に反抗することは本人の自由」だと認識しているのです。日本青少年研究所が一九九六年に実施した意識調査では、この手の規範の最もゆるそうなアメリカでさえ「先生に反抗することは本人の自由か」という調査に対し、イエスと答えた生徒はたったの十五・八％でした。これに対し日本の高校生は七十九％がイエスと答えています。その後もこの手の調査は何度か行なわれていますが、いつも日本の高校生だけが諸外国の高校生と際立った違いを見せます。

現実に反抗するかどうかではなく、「反抗してはいけない」という規範が、現在の高校生には存在しないのです。

先生は社会の正会員です。対して生徒は未熟者の準会員に過ぎません。だから、個々の是非や能力を問うことなく、とにかく先生に反抗することはいけないことなのです。この感覚を植え付けずに学校生活が通過儀礼たりうることはできません。

戦後教育の価値観では、先生と生徒は平等ですから自分が正しければ反抗してよいに決まっています。しかし、他の国の高校生は同じ状況でも、「反抗してはいけない」という規範と「相手が誰であれ正しいことは正しい」という良心・理念の板ばさみにあいます。この板ばさみが、人を大人に育てるのです。

気に入らないことがあればブーブー文句をたれてもよい空間で、人は大人になることはできません。今や日本の学校はそういう空間になってしまいました。

他の社会（共同体）への通過儀礼を行う場として存在することで、学校もまた共同体たりうることが可能でした。もし学校が勉強を教えるだけの場なら、塾や予備校にその地位を譲ればよいのです。

しかし、私はそれを正しい施策だとは思いません。勉強する場としての復権と並行して、社会への通過儀礼という機能を取り戻し、不条理を図太く生きぬく生徒を養成することが、学校を再生する鍵であり、ひいては他の社会の共同体性を取り戻すきっかけになると信じています。

## 「ニート」とNEETは別ものである

最後に戦後教育の最大の犠牲者である「ニート」の問題について考えたいと思います。新老人が尊敬されない、中高年離婚が増加する一方である、年頃の人たちが結婚しない、若者が定職に就かない、子どもが学校にいかない……。

それぞれ大きな問題です。しかし、最終的に人が社会に役割を得て生きていくのならば、それはそれでよいとも言えます。その点、「ニート」だけは他と違って「それはそれでよい」とは言えない問題です（もちろん、「勝手に飢え死にすればよい」と見放すのなら、それはそれで一つの見識だと思いますが）。

大人になっても何の社会的役割も背負うことなく生きていく人がいるとしたら、それは社会の負担にしかなりません。私はそんな負担を背負うのは真っ平ごめんだし、ニートの増加が社会の規範意識を著しく低下させ、多くの社会システムにダメージを与えるのは目に見えています。ですから、これを抑えるのは極めて重要な社会施策なのです。

ここで改めて我が国の「ニート」の概念を紹介しておきますと、「十五歳から三十四歳」「未婚」「無職」「非学生」の者を指しており、二〇〇二年現在で約八十五万人いると推計されています（当初推計は「家事手伝い」をニートに含めなかったので五十二万人でした）。

ちなみに、これは本場イギリスのNEETとは異なるものです。NEETは、一九九八年にイギリスのブレア政権が福祉政策を見直すに当って登場した単語です。Not in Education, Employment or Training の頭文字をとってNEETと称しました。内容的には「十六歳から十八歳」「就学せず」「就労せず」「就労訓練せず」で、最後の「就労訓練せず」というのがミソです。

行き過ぎた福祉政策で財政逼迫《ひっぱく》したイギリス政府は、一九八〇年代にそれまで十六歳だった失業保険の開始年齢を十八歳に引き上げ、受給資格に「就労訓練を受けること」を義務付けました。十六歳から十七歳の少年は失業保険を受け取れない代わりに訓練を受けると訓練給付をもらえるようになりました。義務教育を終えた後に学校にも行かず、仕事にも就かず、仕事に就く訓練さえ受けていない連中に、失業保険を払う「バラマキ福祉」を是正したのです。

すると、訓練を受けるくらいならお金なんていらないという連中が現れました。

欧米人の多くは、十八歳までは未成年として親が面倒を見るけど、十八歳を超えたら自分で生きていきなさいという感覚を持っています。しかし、「こいつら」は、いずれ食うに困るに決まっている。そうなると何をしでかすか判らない。だから、彼らに対する福祉対策、治安対策が必要である。これがNEET問題の基本です。

「高校にも行かずにたむろしている幼いゴロツキ」がNEETのイメージであり、犯罪対策や薬物対策をどうするかも議論の射程に入るのです。

くれぐれも、日本で問題となっている「ニート」とは別物だということを認識しておく必要があります（ちなみに、NEETを日本に紹介した小杉礼子氏は、NEETとニートは異なるとして、様々な場面で丁寧に概念定義をしています。しかし、同じ言葉を使ったために多くのメディアで誤解が拡大しているようです）。

そうしなければ、欧米の施策を「良いとこ取り」して紹介する輩《やから》が必ず出てきます。

何せNEETはニートよりずっと若いし少数（一九九九年段階で十六万一千人。但し、率は日本よりずっと高く若年層の九％を占めます）なので、立ち直り支援という側面からはもちろん、治安対策からも手厚い施策が可能であり、社会の合意も形成しやすいのです。

しかし、我が国のニートに手厚い施策を施せば、彼らは一生社会のお荷物として生きる道を選ぶでしょう。「幼いゴロツキ」対策と「いい年をして親のスネをかじる幼いままの中年（何せ三十四歳まで入るのですから）」対策とは、自ずと異なるはずです。

## ニートこそ「正しい」生き方である

私は、ニートは不条理に対する耐性の不足から生まれると考えています。そして、彼らは戦後教育的価値観からすれば全く「正しい」のです。

「家」は子どもを中心とした「マイホーム」になり「正しいことは誰が誰に主張してもよい」場になりました。学校ももちろん「正しいことは誰が誰に主張してもよい」場です。

子ども達は、生まれてから学校を卒業するまで、「正しい世界」で暮らします。そしていきなり、先輩に逆らえない、無能な上司でもその判断に従う、お客様の無理難題はすぐに否定せずとりあえず聞く等々、「不条理満載」の社会に放り出されるのです。

社会の不条理は、その入り口である就職活動から始まります。学校にとどまる限り、入学試験で目立った差別をされることはありません。東大入試で一流高校とその他の高校の受験日が違う、農業高校や商業高校出身者には受験資格はない、といった差別は一切ありません。

ところが、社会の入り口である就職活動にはこの手の差別がつきものです。就職活動どころかアルバイトだってそうです。家庭教師を派遣する会社に登録する場合、大学のレベルは当然のように問われます。

安売りで有名なドン・キホーテがアルバイトを採用する高校を偏差値で差別していたとして社会問題になったことがありました。偏差値四十五以下の高校の生徒はレジに置かない、偏差値四十以下の高校の生徒は採用しないという方針だったと思います。

当時、誰もドン・キホーテをかばう者がいなかったのであえて言いますが、ドン・キホーテの判断は正しい。戦後教育的には「悪い」が、企業戦略的には「正しい」はずです。偏差値基準は少し甘すぎる気がします。私だったら、偏差値五十以下の高校の生徒はレジに置きません。レジが壊れた時に、足し算が正確にできない可能性が高いからです。

採用するか否かは、偏差値ではなく学校別の荒れ具合を見てブラックリストを回すでしょう。

今、高校生の出入りする店は、どこも深刻な万引き被害にあっています。万引きは窃《せっ》盗《とう》ですから、私は片っ端から逮捕して少年院に送り込むのが最良の策だと思うのですが、店も学校も警察もバカ親や人権派メディアに遠慮してできない。だとしたら、低レベルな高校生を店に近づけないのが次善の策となります。「万引きごっこ」が流行っている荒れた高校の生徒を雇うなんてもってのほかなのです。

社会の不条理は、何も差別だけではありません。例えば、最近若者に人気のある料理の世界。この世界は、昔から先輩による暴力が当然とされる世界です。一流店にだってそういう風潮は少なからず存在します。

戦後教育的に「正しい世界」で生きてきた若者は、暴力や差別といった不条理に遭遇した途端に嫌になります。もっと自分らしく生きることのできる世界があるはずだと思う。そして、ある者は就職活動の段階でやめる。ある者は就職して数ヶ月で会社をやめる。もっと情報通の者は、就職活動さえしない。かくして、フリーターとニートが大量発生しているのです。

フリーターとニートの違いは、とにかく食うためには働かなければならないと自覚しているか否かですが、「正しくない」世間を徹底的に拒否するという点では、ニートの方が純粋な戦後教育の産物と言えるでしょう。

## 「正しくない」親が子どもを救う

最近、私は、親を見ると子どものレベルが想像できるようになりました。

まず、戦後教育的に「正しい」親の子どもは、確実に親よりも学力レベルや将来予測される生活レベルが低くなりそうです。「勉強は子どもの自覚に任せる」親の子どもは低学力だし、「自分の人生だから就職は無理せず自分にあった道を探させる」と話す親の子は、フリーターやニートになります。

面白いのは、「学校に対立的な態度をとる」親の子どももできが悪いということです。「学校は間違っている、我が子が正しいのだ」と感じたら、我が子の側に立つのが、平等を旨《むね》とする戦後教育の「正しい」態度ですから、彼らも屈折した戦後教育の申し子です。

では、どういうタイプの親の子どもが優秀かというと、学校（特に公立学校）の主張は主張として聞き流し、戦後教育的価値観からは「正しくない」家庭の教育方針をしっかりと持っている親の子です。その上で、学校は学校、家は家と使い分けることのできる親の子です。

こういう親のもとで育つと、子どもは親の価値観と戦後教育の価値観を相対化することができます。この価値を相対化できる思考が、不条理な社会を生きぬく力へと育っていくのです。

価値相対主義になりさえすればよいと言うのではありません。どちらにも正解があるという状況に置かれること自体が、子どもにとってある種の不条理であり、小さな不条理を日常的に経験させることが大切なのです。

価値相対主義というだけなら、昨今の若者にも（特に底辺層には）極端な価値相対主義者がいます。他人に迷惑をかけなければ体を売るのも勝手、クスリをやるのも勝手という連中です。

その癖、彼らは自分達を差別するのを他者の勝手とは考えません。その辺は、しっかりと「差別は悪い」という戦後教育的価値観を信じているのです。戦後教育という一元的価値を信じ、かつ、それに見放された哀れな子ども達が、ゴミのようなプライドを守るために、反動として、極端な価値相対主義者にならざるを得ないのでしょう。

## 教師に職業教育をやらせるな

さて、増加するニートを何とかしなければと、政府も職業教育に乗り出しました。それはそれで結構ですが、「教師にだけは職業教育をさせない」でほしいのです。

学校問題を語る時には、現場の教師を所与条件として捉えるべきです。

それゆえ私は、すべての教師にクリエイティブな能力を要求する「総合的な学習の時間」にも反対してきました（学校単位、教育委員会単位ならば話は別です）。教師に中途半端な「創造性」を要求するよりも、教育技術者であることを求める方が有益だからです。

職業教育についても同様のことが言えます。学校教師によるニート対策は「百害あって一利なし」です。彼らに、

「君は文章を書くのが好きだから新聞社に就職したいと思っているようだけど、君程度の文章を書ける人間は山のようにいるよ。大体、君の家に新聞が届くまでに何人の手が必要だと思う。新聞紙を作る人、インクを作る人、記事を書く人、記事の校正をする人、印刷する人、でき上がった新聞を営業所に搬送する人、新聞を各家庭に配達する人、新聞を勧誘する人等々数え上げればきりがない。その中で君が『記事を書く人』になれる確率は極めて低いと思う。万一、それでも諦めきれないというのなら、まず一流大学に行くことだ。三流大学や専門学校のマスメディア学科から新聞社に入れるなんて思わない方がいいよ」

といった職業教育ができるでしょうか。

絶対に無理です。奇特な先生はどこにでもいますから、可能性がないとはいいませんが、大抵は子どもの夢や希望を無限大にまで膨《ふく》らませて終わるでしょう。

日本版ニートは、家庭や学校で学んだ「正しさ」が社会で通用しない、無限に膨らんだ夢が社会では果たせないといったギャップに大きな原因があります。ですから、このギャップを是正するのに教師は無力なのです。

部活動という唯一の例外を除いては。

そう、私は現在の学校でニート対策に有効なものがあるとしたら、部活だけだと思います。野球をするために入部したのに一年生の間は球拾いしかさせてもらえない、顧問の先生の前では直立不動、先輩が「黒い」と言えば白いものでも黒い。このアナクロで不条理な世界（かなり色が薄くなりましたが）が部活には残っており、今の学校でニート対策に役立つとしたら、部活しかないと思うのです。

どういう訳か、部活動において教師は「学校的正しさ」から解放されます。負けてもいいから、下手な子どもでも一度は試合に出してやろう、と考える教師は（今のところ）少数派です。平等とはほど遠い先輩後輩の上下関係も、見て見ぬふりをします。

荒れた中学を立て直す手段として、優秀な体育の教師を送り込み、荒れの原因になりそうな子どもを運動部に入れて鍛えるという方法が取られた時期もありました。

でも、最近は、子どものスポーツも学校外のクラブチームが主流になってきました。それでも、私は純粋なスポーツという側面だけでは割り切れない価値が、学校の部活にはあると思うのです。

# 第四章　「日本人」であることの誇り

## 誰も知らない「教育の民主化」

第二次世界大戦後、教育の民主化が進められたことはよく知られています。高校の教科書（山川出版社『高校日本史B』）にも、次のような記載があります。

「教育制度の民主化もすすめられた。GHQはまず軍国主義教育の禁止を命じた。その後来日したアメリカ教育使節団の勧告により、1947（昭和22）年3月、教育基本法と学校教育法が制定され、6・3・3・4の新学制によるあたらしい教育がはじまった」

さて、戦争直後に行われた学校改革が「教育の民主化」ですから、教育基本法を始めとした改革の産物を批判し、時代に合わなくなったから変更しようという主張は、単純な頭脳には「非民主的」「反動」と映ります。

今でも本気でそう思っている人が、教育界には大勢います。

私は、教育基本法こそ現在の学校教育の体《てい》たらくを招いた根本規範であり、直ちに改正又は廃棄すべきものと考える立場ですが、その話をする前に、そもそも戦後教育改革とは何であったのかを明らかにしておきたいと思います。

「教育の民主化」という言葉は確かに美しいし、天皇陛下のために死ぬことが最も尊いことだと教えた国民学校教育が異常であったというのも頷《うなず》けます。

しかし、「教育の民主化」の名目で何が行われたのか、改革の真の姿を知る人は多くありません。また、教育基本法改正反対ビラを配っている先生など、組合主催の勉強会で「教育基本法の改正は軍国主義につながる。我々の団結で断固阻止しよう」と十年一日のごとく叫んでいるだけで、何もわかっていません。

## ＧＨＱは何に墨を塗らせたか

「教育の民主化」の名のもとに、実際は何が行われたのか。よく知られる墨塗り教科書を題材に考えてみましょう。

次の物語のどこに墨が塗られたのか考えてください。

太閤記のハイライトに秀吉が信長の死を隠して毛利氏と和解し、明智光秀を討ちに畿内へ引き返す場面があります。

信長が死んだとき、秀吉は高松城を攻めていました。高松城は歴史に名高い「水攻め」にあって落城寸前です。秀吉としてはここで弱みを見せると、毛利方に何かあったと勘ぐられるので下手な妥協はできません。あくまで、強気に城主清水宗治の一命と引き換えに他の城兵の命を救うという条件で和解を迫ります。

この時、宗治は立てこもる兵、その兵と共にいる女子どもに思いをはせ、わが身一つで彼らが助かるならと秀吉の提案を受け入れます。そして、敵味方が見守るなか舞をひとさし舞って、

「浮世をば今こそ渡れ武士《もののふ》の名を高松の苔《こけ》に残して」

と辞世の歌を残して切腹しました。

秀吉は、宗治の首を上座にすえて、

「あっぱれ武士の手本」とほめそやしました。

さて、皆さんはこの物語のどこに墨が塗られたと予想しましたか。「どこも変なところはないのに」とお感じになった方もいるでしょうし、「切腹はまずいだろう」と思われた方もいたでしょう。

答えをお教えする前に、問題をもう一つ。

NHKの大河ドラマが取り上げたおかげで、平家物語は若者にも随分知られるようになりました。古典の授業でも定番として取り上げられる題材ですが、古典の授業など真面目に聞きそうにない若者が、古典の基本ストーリーを覚えるのは喜ばしい限りです。

戦前・戦中は、現代語訳され小学校の教科書にも掲載されていました。ですから、この時代に教育を受けられた方は、大河ドラマなど見なくとも、素養として平家物語の名場面が頭に入っています。我々の世代になると「鵯越《ひよどりごえ》の逆落とし」くらいしか知りませんが……。

では、この平家物語はGHQによる「教育の民主化」によってどうなったのでしょうか。

答えは、「全文が墨で塗られた」です。

先の答えも同様です。高松城の明渡しの場面全てが墨で塗られました。

## 武士は軍人ではない

なぜ、平家物語も高松城の明渡しも全て墨で塗りつぶされなければならなかったのか。

答えは、「武士が軍人だから」です。

その理念が正しいかどうかは別にして、連合国が日本に日本国憲法を押し付けたのは、日本を武装解除し長期的に（できれば未来永劫《えいごう》）弱小国の地位にとどめておくためです。

教育改革も目的は同様です。戦後教育に謳われた平等も平和も民主主義も素晴らしい理念ですが、それらが日本を強国に育てるものであっては困るのです。秀吉の全国統一によって平和がもたらされた側面があろうと、源平の合戦に平家独裁を打ち破る側面があろうと、「軍人である武士」が主人公の物語はすべて学校教育にふさわしくない。これが、墨を塗った側の発想でした。

付言するなら、武士を単なる軍人と捉えるのは日本史に対する理解が浅薄な証拠です。我が国の貴族と武士の関係は、西洋はもちろん、中国や韓国の文官と武官の関係ともまったく異なります。武士は有事には軍人ですが平時は文官でもあります。さらには、有事には軍人となるが平時は文官ですらない武士（いわゆる無役の状態です）もいます。でも、そんなことはお構いなしでした。とにかく武士が登場する物語は、ことごとく墨を塗られ教科書から姿を消したのです。

## 習俗にも「バンザイ」にも墨が塗られた

墨が塗られたのは武士にとどまりません。日本人なら誰もが知っているウサギと亀の競争の話にも墨が塗られました。

例のウサギが途中で昼寝して、亀に抜かれる話です。最後に勝った亀が「バンザイ」と叫びます。その「バンザイ」がいけないということで、墨を塗られたうえに「ウサギサン」という掛け声に変わっています。

当時の小学生は随分と不自然に感じたことでしょう。

さらには、日本独自の習俗にも墨は塗られました。

「村のちんじゅの神様の、今日は、めでたいお祭り日。どんどんひゃらら、どんひゃらら、どんどんひゃらら、どんひゃらら、朝から聞こえる笛たいこ。としも豊年満作で、村はそう出の大祭り。どんどんひゃらら、どんどんひゃらら、どんどんひゃらら、どんひゃらら、夜までにぎわう宮の森……」

この有名な唱歌は全文真っ黒になりました。

天皇を称える言葉だった「バンザイ」はダメ、神道に由来するお祭りも軍国主義だというのが塗りつぶした側の論理です。こんな感性ですから、正月に神だなを飾る話、坑道に入る鉱員が神だなに向かって無事を祈る場面など、およそ神道に関わる場面はすべて墨塗りになりました。

どの民族であれ、習俗は宗教と密接な関係を持っています。我が国の場合、中世以降多くの人々が郷村の神社の氏子になっていましたから、日本の習俗と神道は切り離すことができません。つまり神道が出てくる場面をすべて塗りつぶすと、教科書から伝統的な習俗がほとんど姿を消すことになります。

我々は、そんな仕打ちを戦勝国に強いられ、今もってこれを「教育の民主化」と呼んでいるのです。

## なぜ日本だけが全否定されたのか

戦勝国は、敗戦国の精神までも支配してよいのか。ドイツやイタリアは、自国の騎士を褒め称えた教科書に墨を塗られたのか。自国の宗教（ドイツならプロテスタント、イタリアならカソリック）に由来する習俗まで否定されたのか。そんなことはまったくありません。

ヨーロッパの近代は、イタリアのルネッサンスに始まり、ドイツの宗教改革、イギリスの産業革命を経て、フランスの市民革命で一応の完成をみます。つまり、伊独英仏の四大国がそれぞれに重要な役割を担っており、これらの国々の歴史を丸ごと否定することなど、ヨーロッパ諸国やその派生文明国であるアメリカには不可能なのです。

ところが、日本は、ヨーロッパとはまったく異質の文明ですから、「日本的」なるものを全否定しても戦勝国は傷つかない。だからこそ、武士や習俗の全否定という野蛮な振る舞いができたのです。

墨塗り教科書は、紛れもない精神的虐待です。六十年前、我々は民族ごと戦勝国に虐待を受けたのです。虐待を受けた子どもが失うのは「誇り」だと言います。当時の日本人は決して子どもではありませんが、少なくない人たちがこれを戦後の原体験とし、虐待された子どものように「誇り」を失ってしまったのです。

## 教育基本法と教育勅語は別ものである

墨塗り教科書に続く「教育の民主化」策は、教育基本法の制定と教育勅語の廃止でした。

保守的なご年配の方に、

「教育勅語が教育基本法に変わったせいで日本の教育がダメになった」

とおっしゃる方がいますが、それは誤解です。

教育基本法は、公害対策基本法や災害対策基本法と同じように単なる一連の施策の基本法令に過ぎません。

対して教育勅語は、明治天皇が国民に対し「人のあり様《よう》を語りかけた言葉」です。ですから、教育勅語は儀式の時（学校によっては教室で毎日）に奉読されていましたが、教育基本法が奉読されることはありませんでした。

また、あまり知られていませんが、昭和二十二年三月に教育基本法が制定された後も、多くの学校で戦前同様に教育勅語が奉読されていました。

戦争に負けても天皇はいらっしゃったわけですし、教育勅語はそもそも昭和天皇ではなく明治天皇の言葉として語られたものです。これをありがたく拝聴する儀式は、戦争に負けてもしっかりと続けられていました。いや、むしろ戦争に負け意気消沈しているときだからこそ勅語は勇気を与えてくれたという証言もあります。それが、教育基本法の制定ごときでなくなるはずがないのです。

では、なぜ教育勅語を奉読しなくなったのか。答えは簡単、取り上げられたからです。教育基本法が成立してもそんな法律は誰も知らない。対して教育勅語の影響はまったく衰えないことに業《ごう》を煮やしたGHQは、衆参両議院に教育勅語の排除・失効決議をさせます（資料5）。

【資料5】

教育勅語等排除に関する決議（昭和二十三年六月十九日衆議院決議）

民主平和国家として世界史的建設途上にあるわが国の現実はその精神内容において未だ決定的な民主化を確認するを得ないのは遺憾である。これが徹底にもっとも緊要なことは教育基本法に則り教育の革新と振興とをはかることにある。しかるに既に過去の文書となつている教育勅語並びに陸海軍軍人に賜わりたる勅諭その他の教育に関する諸詔勅が今日もなお国民道徳の指導原理としての性格を持続しているかの如く誤解されるのは従来の行政上の措置が不十分であつたがためである。

思うにこれらの詔勅の根本理念が主権在君並びに神話的国体観に基いている事実は明らかに基本的人権を損い且つ国際信義に対して疑点を残すもととなる。よつて憲法第九十八条の本旨にしたがいここに衆議院は院議を以つてこれらの詔勅を排除しその指導原理的性格を認めないことを宣言する。政府は直ちにこれらの詔勅の謄本を回収し排除の措置を完了すべきである。

右決議する。

教育勅語等の失効確認に関する決議（昭和二十三年六月十九日参議院決議）

われらは、さきに日本国憲法の人類普遍の原理に則り、教育基本法を制定して、わが国家及びわが民族を中心とする教育の誤りを徹底的に払拭し真理と平和とを希求する人間を育成する民主主義的教育理念をおごそかに宣明した。その結果として、教育勅語は、軍人に賜りたる勅諭、戊申詔書、青少年学徒に賜りたる勅語その他の詔勅とともに、既に廃止せられその効力を失つている。しかし教育勅語等が、あるいは従来の如き効力を今日なお保有するかの疑いを懐く者あるをおもんばかり、われらはとくにそれらが既に効力を失つている事実を明確にするとともに、政府をして教育勅語その他の諸詔勅の謄本をもれなく回収せしめる。われらはここに、教育の真の権威の確立と国民道徳の振興のために、全国民が一致して教育基本法の明示する新教育理念の普及徹底に努力を致すべきことを期する。

右決議する。

この資料からも（逆説的ですが）教育勅語が学校において生きていたことが窺えます。そして、排除・失効だけでは生ぬるい、政府の手で回収しろと両議院は決議し、そのとおりになったのです。

次に教育勅語の現代語訳を掲載します（資料6）。読んでいただければ判るように、内容的には現在でも十分通用する価値観を含んでいます。

---

【資料6】

教育勅語　現代語訳

わたくしは、われわれの祖先が、遠大な理想のもとに、道義国家の実現をめざして、日本の国をおはじめになったものと信じます。そして、わが国民が忠孝両全の道を完うして、みんなで心を合わせて努力した結果、今日に至るまで、見事な成果をあげてきたことは、もとより日本のすぐれた国柄の賜物といわねばなりませんが、教育の根本もまた、道義立国の達成にあると信じます。

国民の皆さん、子供は親に孝養を尽くし、兄弟・姉妹はお互いに助け合い、夫婦は仲むつまじく和らぎ合い、友達は胸を開いて信じ合い、また自分の言動を慎しみ、すべての人々に愛の手をさしのべ、学問を怠らず、職業に専念し、知識を養い、人格をみがき、さらに進んで社会公共のために貢献し、また法律や秩序を守ることは勿論のこと、非常事態が発生した場合は、身命をささげて国の平和と安全のために奉仕しなければなりません。

　これらのことは、善良な国民として当然のつとめであるばかりでなく、われわれの祖先が今日まで身をもって示し残された伝統的な美風を、さらにいっそう明らかにすることでもあります。

　このような国民の歩むべき道は、祖先の教訓として、われわれ子孫の守らなければならないところです。それと共に、このおしえは、昔も今も変らない正しい道であり、また日本ばかりでなく、外国に示しても、まちがいのない道であります。従って、わたくしも国民の皆さんと共に、父祖の教えを胸に抱いて、立派な徳性を高めるように、心から願い誓うものであります。


「一旦緩急あれば……」(現代語訳「非常事態が発生した場合は……」の部分)が軍国主義的だと言う人が今でも大勢いますが、そもそも明治二十三年の日本は軍国主義ではありません。国民として有事に備える心構えを持つのは当然であり、教育勅語には、その当然のことが記されていたに過ぎないのです。

私は、教育基本法が制定されたことをもって、「日本人の誇り」が踏みにじられたとは思いません。そうではなく、明治二十三年に制定された教育勅語を（GHQに教えられたとおり）昭和の軍国主義と結びつけてしか評価できない、その思考パターンに「武士と軍国主義を結びつける」墨塗り教科書同様の欺瞞《ぎまん》と屈辱を感じるのです。

## 大御心「信仰」なき現代に教育勅語の復活はない

さて、「教育の民主化」によって失われた「誇り」を、我々は、どうすれば取り戻せるのでしょうか。最も短絡的な主張は「教育勅語」の復活です。

教育勅語に類するものは、当時外国には存在しませんでした。皇帝や王様が、国民に対して「人のあり方」「教育の心構え」を説いても誰も聞きません。皇帝や王様は世俗の権力に過ぎないからです。ヨーロッパ王権の全盛期には王権神授説が登場しますが、その主張はあくまで教皇庁に対する独立性に過ぎず、国民が王権に天皇に類する神性を感じていた訳ではありません。

資料7　小学校の就学率の推移

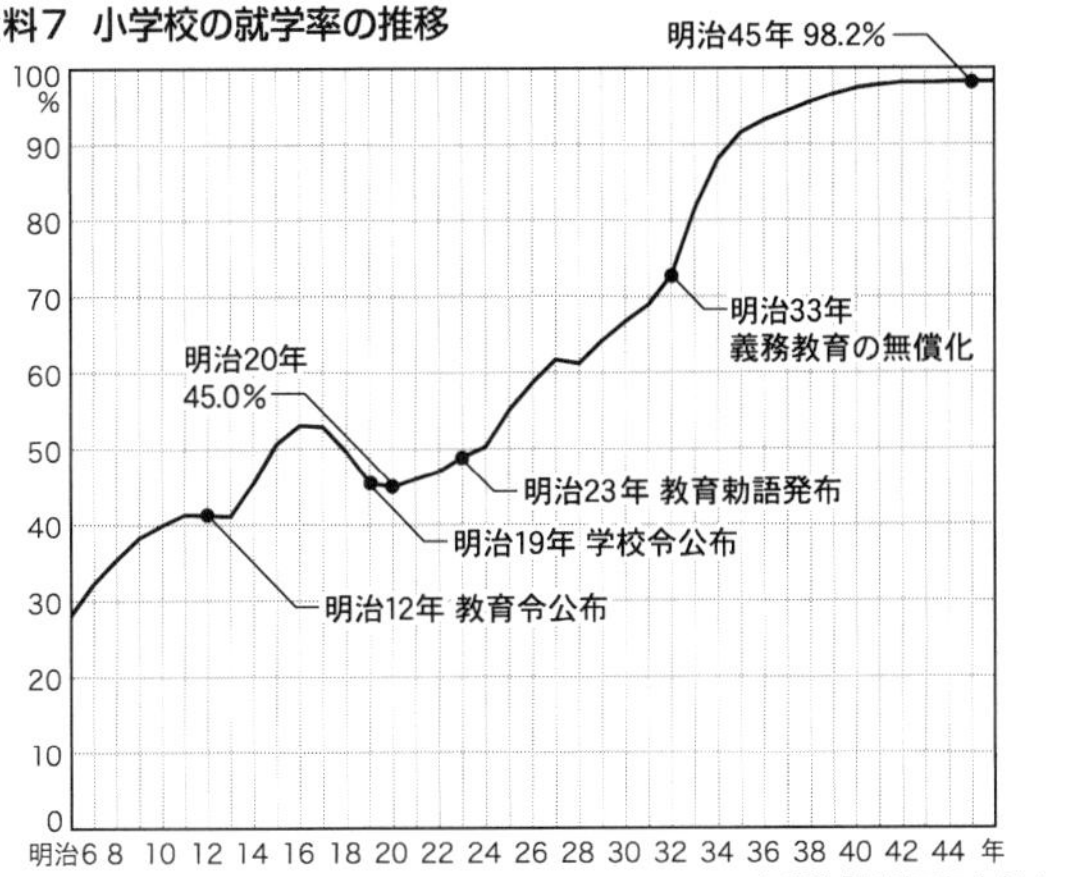


文部省「学制百年史」より

当時の世界の皇帝や王の中にあって、日本の天皇だけが「教育勅語」を発布できたのです。それほど天皇の言葉が尊ばれたのは何故か。明治の日本人は「大御心《おおみこころ》」を信じていたからです。

大御心とは、天皇が臣民を思う無私の心です。

明治天皇は大御心をお持ちである。臣民の教育程度が低くても天皇は何も困らない。それにも拘《かか》わらず、日本国の繁栄と臣民の安寧を願う心から、全ての臣民は教育に励め（教育だけではありませんが）と仰せられた。それが「教育勅語」です。

このような大御心に対する「信仰」ともい

うべき絶大な信頼があって初めて教育勅語は生命をもち得るのです。教育勅語がいかに絶大な効果があったかは、就学率の推移を見れば判ります（資料7）。就学率は、学力向上を梃子《てこ》にして国力向上を図りたかった明治政府にとって、大きな関心事でした。しかし、なかなか思うように就学率は向上しない。それが教育勅語の発布を機に一気に向上したのです。

大御心に対する信仰は、明治、大正、昭和初期を経て戦後も生きていました。だからこそ教育勅語は、戦争に敗れてなお小学校において奉読されていたのです。

その信仰の存在を証明するのが、マッカーサーの回顧録です。そこには昭和天皇とマッカーサーの会見の模様が以下のように記されています。

「私は天皇が、戦争犯罪者として起訴されないよう、自分の立場を訴えはじめるのではないか、という不安を感じた。（中略）しかし、この私の不安は根拠のないものだった。天皇の口から出たのは、次のような言葉だった。

『私は、国民が戦争遂行にあたって政治、軍事両面で行なったすべての決定と行動に対する全責任を負う者として、私自身をあなたの代表する諸国の裁決にゆだねるためおたずねした』

私は大きい感動にゆすぶられた。死をともなうほどの責任、それも私の知り尽している諸事実に照らして、明らかに天皇に帰すべきではない責任を引受けようとする、この勇気に満ちた態度は、私の骨の髄までもゆり動かした。私はその瞬間、私の前にいる天皇が、個人の資格においても日本の最上の紳士であることを感じとったのである」

しかし、外務省が公開した公式記録には、マッカーサー回顧録にある昭和天皇の発言は存在しません。天皇の権威を否定したい人たちは、公式記録がないことを理由に、これをマッカーサーの作り話だと断じました。

二人と通訳だけの会見でしたから、真偽は（おそらく）永遠に不明です。

ただ、マッカーサー回顧録が発行された当時（一九六四年）、大多数の日本人は、昭和天皇ならば、おそらくはそれに類する言葉を発せられたであろうと信じました。天皇が臣民（この時は既に国民ですが）を思う無私の心。それを信じていたからこそ、我々はマッカーサー回顧録に信憑性を感じたのです。

マッカーサーと会見した時、昭和天皇は四十五歳。今の皇太子が「人格否定発言」をされた時とほぼ同じ年頃です。

さて、平成の今、総理大臣なり文科大臣なりが、

「このたび天皇陛下が、国民の皆様に『人のあり方』『教育の心構え』を説かれました。大変ありがたい言葉ですので、すべての学校に謄本《とうほん》を置きますから、朝礼時には必ず奉読するようにお願いします」

と発言したとして、我々はその言を信じ、その言に従うことができるでしょうか。不可能です。我々は大御心への信仰も、それを伝える権力者への信頼も失いました。

「教育勅語は軍国主義的だ」という主張は虚構です。教育勅語は就学率を高めるという歴史的役割を担いました。教育勅語は今でも戦前教育を受けた方の精神の支柱を担っています。教育勅語の文章のほとんどは、現代にも通じる道徳律です。

しかし、それでも「教育勅語の復活」はありえないと私は思います。

## 教育基本法改正でできることとできないこと

教育勅語の復活が無理なら教育基本法を改正すればよいと考える人が、政治の世界には多いようです。しかし、先に述べたように教育勅語と教育基本法はまったく別物ですから、教育基本法にかつての教育勅語と同じ役割を期待しても無理というものです。教育基本法など誰も真面目に読んでいません。改正すべきだと主張する人も、改正反対と叫ぶ人も、ほとんど読んでいないのです（巻末に全文掲載）。

もちろん、誰も読んでいないからといって、そのまま放っておいてもよいという訳ではありません。あまり読まれていないけれども、社会に大きな影響を与えている法律は、世の中に無数に存在します。教育基本法もその一つです。

その影響が良いものであるならば改正する必要はないし、悪影響を与えているのならば改正すればよい。

私は「早急に改正すべきである」という立場ですが、それは、この法律が社会に悪影響を与えていると考えるからです。但し、その悪影響とは巷間《こうかん》言われるように「教育基本法のせいで日本人に愛国心がなくなった」といった類《たぐい》のものではありません。

私は日本人が自らの実力にふさわしい誇りを失ったとは思っていますが、愛国心がなくなったなどとは思っていません。また、仮になくなったとしても、それは教育勅語を学校から放逐したからであって、教育基本法のせいではありません。

では、教育基本法が社会に与えている悪影響とは何か。それは次の二点です。

## 戦後教育と戦中教育は相似の奇形である

教育は私事か公事か。賢明な明治政府はこの問題を玉虫色にしました。義務教育制度を創設したのですから教育は単なる私事ではない。しかし、一方で誰もが知っているように明治の小学校は寺子屋を土台にして創設されました。寺子屋は完全に私事としての教育を司る機関です。

学制を発布した直後には学校を焼き討ちする事件も起きました。明治初期、国民の学校に対する風当たりは極めて厳しいものがありました。その辺を考慮したのか、明治政府は教育・学校という問題に対してあいまいな態度をとりつづけます。義務教育とは名ばかりで就学率は低迷したままでしたし、就学年限も基本は四年ですが三年で終了する私立学校の存在を認めていた時期もありました。

就学率が飛躍的に向上した一つのきっかけは先に述べた教育勅語の発布ですが、もう一つのターニングポイントは授業料の廃止でした。政府は、日清戦争の賠償金の一部を基金とし、そこから教員給与の補助金を出す代わりに授業料を無料にするよう自治体に指示しました。就学率の向上について、明治政府は徹底的に「見守りつづける」姿勢を貫いたのです。

さらに、私人が学校を設立することに対しても、現在よりも遥かに寛容でした。黒柳徹子氏が通っていたトモエ学園（昭和十二年創立）は、廃棄された電車を校舎代わりに使っていましたし、教える内容も極めて自由主義的色彩の濃いものでした。

このような明治政府以来の伝統的な姿勢を否定したのが国民学校令です。国民学校令により、小学校令では認められていた、学校に代えて家庭で教育する道も閉ざされました。私立学校令も同時に改正され、私立学校に対する国家統制も強まりました。

小学校令と国民学校令の何よりも大きな違いは、第一条の目的です。

第三次小学校令（明治三十三年〜昭和十六年）第一条

「小学校は児童身体の発達に留意して道徳教育及国民教育の基礎並其の生活に必須なる普通の知識技能を授くるを以て本旨とす」

国民学校令（昭和十六年〜昭和二十二年）第一条

「国民学校は皇国の道に則《のっと》りて初等普通教育を施し国民の基礎的練成を為すを以て目的とす」

国民学校令では「皇国の道に則り」と明確に国家社会のために教育することが強調されています。それに対して、小学校令では、道徳教育・国民教育を言う一方で生活に必要な知識技能の伝授も謳われており、学校教育の両義性（私事であり公事である）が意識されています。

戦後教育の中で我々はあたかも明治以来ずっと国家統制的な教育が施されてきたかのごとく教えられてきましたが、それは曲解であり国民学校令こそが教育による社会変革を目指した特異な例だったのです。

教育基本法では、この教育の私事的側面を過小評価した学校絶対主義が、国民学校令以上に強固になって受け継がれています。

教育基本法第一条は次のように言います。

「教育は、人格の完成をめざし、平和的な国家及び社会の形成者として、真理と正義を愛し、個人の価値をたつとび、勤労と責任を重んじ、自主的精神に充ちた心身ともに健康な国民の育成を期して行われなければならない」

この目的自体が悪いとは言いません。しかし、その後の基本法は家庭教育にほとんど触れず（第七条第一項に一箇所あるだけです）、教育は学校で行われるのが原則であるかのごとき姿勢を貫きます。しかも、国民学校令と違って私立学校もこの法律の射程に捉えています。つまり、教育基本法は国民学校令以上に「学校により国民を教化し社会を変革しよう」とする色彩の強い法律なのです。戦中教育を「右派全体主義」の奇形であるとするならば、戦後教育の根幹たる教育基本法は「左派全体主義」の奇形性を代表する代物と言えるでしょう。

「戦後教育は戦中教育と左右対《つい》をなす奇形である」

これが、国民学校令と教育基本法を見比べた時の正直な感想です。

## 教育基本法により教師は神になった

教育基本法の中で「目的条項」や「学校教育への過度な偏り」以上に問題なのは、学校による国民の教化と社会の変革を目指しながら、国民による学校教育の民主的コントロールを認めていないことです。

第十条にこんな条文があります。

「①教育は、不当な支配に服することなく、国民全体に対し直接に責任を負つて行われるべきものである。②教育行政は、この自覚のもとに、教育の目的を遂行するに必要な諸条件の整備確立を目標として行われなければならない」

この法律において「教育」は、主に「学校教育」を指しているのは先に述べたとおりですが、多くの教員はさらに一歩進めて次のように解釈しています。

「教師は誰にも支配されることなく、直接、児童・生徒と向き合って教育する責任（と権限）がある。文部科学省や教育委員会（その手下の校長）は口を出さずに金だけ出せばいい」

もちろん、こんな傲岸不遜な条文解釈が公式に（判例として）認められたわけではありません。しかし文章を素直に読めば、そう読めないこともないし、大多数の教師達は教職員組合の指導によりこれが正しい解釈だと信じているのです。また、つい最近まで組合的解釈に近い実態があったことも事実です。

誰からもコントロールされることなく、好きなように国民を教化できる存在。それは神同然です。教育基本法によって教師は神になったのです。なぜ教職員組合が執拗に教育基本法改正に反対するのか、最大の理由はここにあります。

## 教育基本法は改正ではなく廃止こそふさわしい

教育基本法は歴史的役割を終えました。これをどういじくっても、家庭教育はもちろん学校教育も良くなりません。今の教育基本法には政争の具以外の価値はありません。

それが、憲法と教育基本法の根本的な違いです。憲法改正もよく政争の具になりますが、憲法自体が不要だとする見解はありませんし、改正しようとする人たちも一応本気のようです。

しかし、教育基本法は憲法と異なりただの法律です。国会で過半数を獲得している政権が本気で改正しようと思えば、他の法律のごとく強行採決をしてでも法案を通せばいいのです。しかし、政府と与党は「改正」をぶち上げては鎮火、ぶち上げては鎮火してきました。

反対する側も十年一日のごとく「教育基本法の改悪は軍国主義への逆もどり」と騒ぎ、保守サイドが改正を見送るたびに「団結の勝利だ」と勝どきを上げました。

政治の裏で何が取引されてきたのかは知りませんが、もう、〝教育基本法改正〟をネタにした猿芝居で、目の前の学校教育が抱える問題を先送りするのは止めるべきです。

確かに一連の施策を実施する際には、統一性を担保するために基本法を制定するのが普通です。男女共同参画社会基本法、循環型社会形成推進基本法、環境基本法、障害者基本法、消費者保護基本法等々、数え上げればきりがありません。

しかし、公立学校教育、私学教育、社会教育、家庭教育について、統一性ある施策が矢継ぎ早に実行される時代ではないし（本当は今までもなかったけど）、これからもそんな時代は来ないでしょう。だとすれば、教育全体にまたがる基本法など必要ないのです。

先進諸外国を見渡してもアメリカ、イギリス、ドイツには教育基本法に類する法律はありません。フランスには社会党政権時代に創った法律がありますが、「学力向上」を明確に志向しており、バカロレア（大学入学資格）に八割以上合格させるといった具体的目標が記されていて、我が国の教育基本法とは、全く異なる法律です。

仮に保育園化した公立学校を建て直すために、どうしても「基本法」が必要だというなら「公立学校教育基本法」あるいは「学校教育正常化基本法」を新たに創れば良いのです。しかも一条あれば十分です。

「公立学校の教育は、そこに学ぶ者の知力・体力の向上と愛国心の涵養《かんよう》を目的として行われなければならない」

愛国心という言葉に抵抗があるのなら、国を大切に思う心と表現しても構いません。

マルキストが何を夢想しようが、国際社会の基本単位はいまだに国民国家です。コスモポリタンを気取っても、人は国家の構成員であることから逃れられません。

だとするならば、国民国家の構成員として最低限備えておかなければならないマナー、すなわち自国・他国に関わらず国旗には敬意を払う、自国の国歌を歌う時はもちろん他国の国歌を聞くときも起立するといった態度を身に付けなければならないのは当然のことです。そして、マナーは形式的なものではなく（それが最低限ですが）、心から発するのが好ましいに決まっています。

知力・体力の向上に加えて、日本国民・国際人としての礼節に則った態度を素直に取れる、そういう心を養うのが公立学校の目的のはずです。

## 現場を敵に回すな

ただ、「愛国心」なり「国を大切に思う心」なりを養う際に気をつけるべきことが一点だけあります。

それは、どんな改革であれ、現場を敵に回した改革は成功しないということです。私は、私と志を同じくする人達の多くが、この点を見誤っている気がしてならないのです。

確かに、自国の歴史を不当に貶《おとし》める授業をしてきたのも、国旗に無礼な態度をとり、国歌斉唱時に起立しないことをもって「民主的」という感性を子どもに植え付けようとしたのも公立学校の教員です。そんなことが何十年も許されてきたことは、異常という他ありません。

しかし、その異常事態を政治や行政や社会が許してきたのもまた事実です。多くの教員は、今までの学校が異常であったことに気づき始めています。そして、嬉しいことに若い教員ほど、この異常さに気づいている人は大勢いるのです。

でも、だからといって、すぐに「愛国心の涵養」とはいかない。「日の丸・君が代」の否定に必死になっている団塊世代の左翼教師もバカだけど、左翼狩りに意地になっている政治や行政もどうだかなぁ。これが大多数の教師の本音です（私はこの状態を「アカは絶滅寸前だが、ほとんどが無意識のピンク色」と呼んでいます）。

そして、学校教育は教師を通じてしかできません。最近は地域の方々の協力を仰ぎ、教師以外の職員（養護教諭や栄養士）も動員して教育するのが流行ですが、それでも学校教育の中心が教師であることに変わりはないでしょう。

その教師自身に「愛国心」なり「国を大切に思う心」なりが備わっていなければ、決して子どもにその心を育てることはできないのです。

ですから、教師の内面を変えなければなりません。内面の変革なくして、従順な教師の給料や地位を上げ（アメ）、反抗的な教師を処分すること（ムチ）でこの問題を乗り切ろうとしても必ず失敗します。教師は「神から人」になるべきなのであって、「神から奴隷」に変えようとしても上手くいくはずがありません。

その点を著作や論文で（もっと口汚くですが）指摘・批判したら、私自身が学校から追い払われてしまいました。私一人を追っ払うのは一向に構いませんが、学校現場を敵に回さないという点だけは忘れないでほしいのです。

## 若手教師の内面は知識で変わる

じゃあ、実際にどうやって内面を変えるんだ、地位で釣ったり処分で脅すよりその方がよっぽど難しいだろう、とお考えになる方は多いでしょう。しかし、この点はまったく心配いりません。先ほども書いたように「アカは絶滅寸前」です。団塊世代は、後数年で学校現場から消えうせるのです。

その下の世代がピンクなのは、無知だからです、戦後教育で歪《ゆが》められた知識、一方的な知識しかないからです。戦後教育によって封印された知識の掘り起こしについては、昨今多くの方々が、様々な角度で行っています。私など出る幕はないのですが、一つだけ紹介させてください。

私は、日中戦争には多分に侵略戦争的側面があると思っています。しかし、日中戦争があったから、中国が「半植民地状態」から抜け出せたことを知る人は多くありません。

「アヘン戦争に敗れて以後、列強の清国に対する要求は激しくなり、いたるところ租界(清国の統治権が及ばない地域)だらけとなった。清国は半植民地状態だった」とは習うのに、いつ、どのような経緯で中国が半植民地状態から抜け出たかという知識は封印されているのです。

清国が中華民国になって以降、租界の回収は積極的に行われていましたが、租界返還の仕上げをしたのは日本です。しかも、それは第二次世界大戦中の出来事です。日本は英米に宣戦布告すると、直ちにイギリス租界を占領し、フランスのビシー政権（親ナチス政権）が有する租界も事実上支配下におきました。一九四三年にこれら租界をすべて中華民国（汪兆銘政権）に返還します。さらにイタリアが連合国に降伏すると、天津にあったイタリア租界も日本の軍事力により汪兆銘政権のものになりました。かくして中国は百年間の半植民地状態から脱却したのです。日中戦争によって（しかも日本国の手によって）、中国は正真正銘の独立国になれたのです。

だから日中戦争は正しかったと言うつもりは毛頭ありません。汪兆銘政権が日本の傀儡《かいらい》だったのも事実でしょう。ただ、歴史とはかくも多面的であると言いたいだけなのです。一方が完全な正義で一方が完全な悪ということはありえない。そんな当たり前のことさえ、左翼全体主義教育では教えられていない、その歪みを指摘したいだけなのです。

話を戻しましょう。

「アカは捨てる（クビを切るか退職を待つ）しかないが、ピンクは知識で脱色可能」これが私の持論です。だから、若い教員を中心にどんどんと研修させ、彼らが学校教育の中で教えられてこなかった知識を与える。彼らの目から鱗《うろこ》を落としてあげる。それだけで学校は本当に大きく変わると思います（問題は研修の中身ですが）。

「最近の若い連中は、知識はあるかもしれんが、国を思う心がない」と嘆く保守派の方がいますが誤解です。彼らは日本に誇りを持つだけの知識がないのです。情緒的なモヤッとした愛国心は意外と持っています。ただ、それを出すと先輩達に（古臭い左翼的知識で）叱られてきたから、日本を誉めたり、誇ったりすることはいけないことだと思っているだけなのです。

夏休みに数回研修を受けるだけで、目覚しく変わる教師はゴロゴロいるはずです。

## 悪制の中にも人士あり

お前は、さっき「戦後教育は左派全体主義教育だ」と言ったではないか。その全体主義教育に協力してきた教師がそんなに簡単に変わるのか、逆にすぐ変わるような教師を信用できるのか、という疑問を捨てきれない方もいるかと思います。

では、戦中教育はどうだったでしょうか。

国家総動員法の成立（一九三八年）は、我が国が右派全体主義へ傾いたターニングポイントであり、天下の悪法とされています。私も国家総動員体制を決して好ましいものとは思っていません。

しかし、国家総動員体制の一環であり、当時の東京都長官（大達茂雄）をして「帝都学童の戦闘配置」と言わしめた学童集団疎開の中で、素晴らしい師弟愛が生まれたのもまた事実です。

戦前から存在する学校が百周年記念史などを作成する際には、必ずＯＢやＯＧに在校当時の思い出を書いてもらうのですが、学童集団疎開を経験された方は、他の世代とは隔絶する程に先生への感謝の念が強いのが通例です。

制度とそこに生きる者は同じではありません。それを同一視するのは幼児性の現れに過ぎず、これもまた戦後教育の特徴の一つです。

軍国主義を否定することと軍人を侮辱することは同じではありません。戦争末期に行われた「特攻」は「作戦の外道《げどう》」ではありますが、特攻で散華《さんげ》された方々は日本の誇りであり、末代までその栄誉は語り継がれるべきです。

これを区分せずに軍人や自衛官を軽蔑し、特攻を犬死と侮辱することが民主的であると教えたのは、戦後教育のもっとも醜い部分です。

だからこそ、同じ轍《てつ》を踏んではならないのです。

戦後教育がいかにひどいものであろうと、その中で働く教師に立派な方は大勢います。一年三百六十五日のうち三百五十日以上を部活に打ち込む中学や高校の先生、嫌な顔一つせず生徒のオムツを変え、夏休みには癲癇《てんかん》持ちの子と一緒にキャンプに行く養護学校の先生、バカ親に甘やかされて何一つ自分でできない子どもを見捨てずに粘り強く指導する小学校の先生。今の学校にも本当に尊敬に値する先生方が、読者の皆様が想像するよりも遥かに大勢います。

私は、彼らへの敬意を持たずして、ただ「愛国心を育てろ」と強要しても、決して学校はまともにならないと思うのです。

愛国心だけが過度に強調された教育がいかに醜い人間を生むかについては、お隣の中国、韓国、北朝鮮を見れば一目瞭然ではないですか。

## 辛く険しいけれど近い道のり

教育勅語の復活など望むべくもない。教育基本法の改正（私の説は廃棄ですが）は直ちに行うべきだが効果はたかが知れている。若手を中心に淡々と教員研修で正常化していくしかない。これが現実です。

失われた「誇り」は、そう簡単に取り戻せるものではありません。それは当然のことです。個人だって、虐待やレイプで失われた誇りを取り戻すためには、自己を冷静に見つめる強さと長い時間を必要とします。

国民、民族だって同じです。我々は敗戦によって、過去の伝統をすべて否定する教育を強要され、その上その施策を「教育の民主化」と呼んできました。この屈辱によって失われた誇りを取り戻すには、本当に辛く険しい道を歩む必要があるでしょう。

それでも、私は近未来を楽観しています。それを予感させた出来事を一つだけ。

平成十七年二月九日に行われた対北朝鮮戦サッカー（ワールドカップ予選）における

日本人サポーターの態度は、本当に素晴らしいものでした。自国の国民を拉致し、いまだ帰国させる気配すらない国との対戦に際し、あれほど節度ある態度で観戦・応援できる国民は、日本人をおいて他にいないでしょう。

しかも、対北朝鮮問題の最強硬派である政治家（安倍晋三氏）のコメントが、「野蛮な国に目にもの見せてやれ」ではなく、「政治は政治、スポーツはスポーツであり冷静に応援してほしい」という趣旨だったと記憶しています。

日本人は、なんと立派で素晴らしい民族、国民なのでしょう。たった一つの問題は、多くの日本人が自らの美しさに気づいていないこと、気づいていてもそれを公言するのは憚《はばか》られると感じていることでしょう。

自らの美しさを素直に見つめ自覚し堂々と誇ること、そこから始めれば、我々が誇りを取り戻す道は険しいけれど、決して遠くはないと思うのです。

# 第五章

# 「大人」を取り戻すために

## 三十人学級は学校を滅ぼす

ここまで、戦後教育の中で我々が失ったものを見てきましたが、最近それに拍車をかける動きが出てきました。「三十人学級」の実現です。学力低下が明らかになり、三十人学級を求める声は大きくなるばかりです。

私は、これまで見てきた戦後教育の諸問題を解決しないままに三十人学級を実現しても、決して学校は良くならないと考えています。そもそも「落ちこぼれを減らすために」「一人一人の子どもに目が届くように」一学級の生徒数を三十人以下にしようという発想自体が、戦後教育のマイナス面そのものなのです。

ここまで見てきた現象が複合的に作用して、今、学校は「教育の場」から「お預かり場」になり下がろうとしています。

勉強や運動で子どもを競わせようとせず、各人の有する様々な事情を勉強ができない言い訳として受け入れ、共同体の一員であることを自覚させず、日本人としての誇りも与えない。ただ、子ども達を朝から夕方まで預かり、誰の役にたつのか判らない授業をし、時間がきたら家に帰す。

今の学校は「青少年用保育園」です。そういう保育園的学校を理想と考え、これを推進してきた人々が、最も大きな声で三十人学級を求めてきたのです。

保育園なら保母さんが多いほうがよいに決まっています。気に入らないことがあればすぐにむずかる子ども一人一人に、目の届くだけの保母さんがいて欲しい。これが偽らざる親の思いです。三十人学級を求める声は確かに大きい。だから、政治や行政も無視できないのは判ります。しかし、親の思いとは、結局のところエゴイズムに過ぎません。

さて、社会はこの親のエゴイズムに応えるべきでしょうか。断じて「否」です。三十人学級は子ども達から「成長」を奪い、無駄な税金が費やされ、学校を滅ぼすことになるでしょう。

学校は保育園ではないからです。

## 学力と生徒数は無関係

三十人学級になれば四十人学級よりも多額な税金が費やされることになるのは言を俟ちません。より多額の税金が費やされる限りは、より大きい効果が必要です。

公教育には今でも一年間に一人当り百万円前後の多額の費用がかかっています。小中高と公立学校に通う子どもには十二年間で千二百万円もの税金が費やされているのです。結婚しない人、結婚しても子どもを作らない人、子どもを作っても公立学校には通わせない人が大勢いる中で、子どもを公立学校に通わせる人間にだけ千二百万円もの公金が使われ、それを増額しろという。それには、相当の理論的、現実的根拠がいるはずです。

ところが、三十人学級には、世間を納得させるだけの根拠がありません。

団塊の世代や団塊ジュニアが入学する時に多くの自治体は学校を増設しました。少子化により生徒数は半減していますが、ひとたび建設された学校は容易に廃校にできません。一学年の学級数は減り続けており、都会の小学校では一学級しかない学校も珍しくありません。その結果、一人の教員が受け持つ子どもの数も減少しつづけています。

昭和三十五年度には小学校教諭一人当りの児童数は三十五名でした。それが昭和五十五年度には二十五名になり、平成六年度に二十名を割り込みます。平成十六年度は十七・四人になり昭和三十五年度当時の半数まで減りました。中学校についてもほぼ同様の傾向が見られ、昭和三十五年度に教員一人当り三十人弱だった生徒数が平成十六年度にはほぼ半数の十四・七人にまで低下しています。

一学級当りの生徒数基準を四十人から三十人に減らさなくても、学校にはクラスを担任しない教職員が大勢いますから、実際はどんどん手厚くなっているのです。ちなみに「三十人学級」とは、一クラスの人数が三十一人になったら十六人と十五人のクラスに分ける制度です。ですから、四十人学級の現在でも、二十数人のクラスはざらに存在するのです。

では、少人数化の進展によって子ども達は優秀になったのでしょうか。全くそんなことはありません。現在の公立学校の体質では、教職員が増えても生徒の学力は向上しないのです。

資料8は、都が公表した五教科平均点を総計し、二十三区二十六市を得点順に並べたものです。三十ページで紹介した、東京都が実施した学力調査の結果をもとにしたものです。この得点と中学校教員一人当りの受け持ち生徒数の相関性を調べたところ、相関係数は0・27となりました。

ここでの相関係数は、教員の受け持つ生徒数が多いほど得点が低い場合は、数値がマイナス（負の相関）になり、教員数と得点に何の関係もなければゼロ（無相関）、教員の受け持つ生徒数が多いほど得点が高くなる場合に、プラスの数値（正の相関）を示すことになります。

0・27をどう評価するかは意見の分かれるところですが、無相関か弱い正の相関があると見るのが一般的です。つまり、都内の中学校において、一人の教員が受け持つ生徒数が増えても学力は低下しないし、減っても学力は向上しないことを意味します。

念のために小学校教員数との相関を調べたところ、こちらの相関係数はゼロでした。

小中学校とも教職員の数と生徒の学力に何の関係もないことが、この数字から読み取れると思います。

資料8　教員一人当りの生徒数と学力

| 市区町村 | 小学校 | 中学校 | 平均5教科点合計 | 市区町村 | 小学校 | 中学校 | 平均5教科点合計 |
|---|---|---|---|---|---|---|---|
| 小金井市 | 22 | 17 | 409 | 港区 | 17 | 18 | 374 |
| 目黒区 | 18 | 15 | 398 | 北区 | 17 | 15 | 372 |
| 国分寺市 | 21 | 20 | 398 | 八王子市 | 20 | 17 | 371 |
| 武蔵野市 | 18 | 17 | 395 | 台東区 | 17 | 15 | 371 |
| 杉並区 | 20 | 17 | 395 | 調布市 | 20 | 18 | 370 |
| 文京区 | 19 | 18 | 394 | 狛江市 | 19 | 15 | 370 |
| 千代田区 | 19 | 19 | 394 | 立川市 | 20 | 17 | 370 |
| 世田谷区 | 21 | 17 | 392 | 稲城市 | 19 | 13 | 368 |
| 国立市 | 20 | 19 | 389 | 板橋区 | 20 | 18 | 366 |
| 渋谷区 | 17 | 17 | 388 | 大田区 | 20 | 17 | 364 |
| 西東京市 | 21 | 18 | 387 | 昭島市 | 19 | 18 | 362 |
| 東村山市 | 21 | 17 | 386 | 青梅市 | 22 | 16 | 362 |
| 多摩市 | 18 | 17 | 386 | 江東区 | 18 | 15 | 362 |
| 小平市 | 21 | 18 | 384 | 羽村市 | 20 | 19 | 361 |
| 日野市 | 20 | 18 | 383 | 江戸川区 | 21 | 18 | 359 |
| 三鷹市 | 20 | 18 | 383 | 葛飾区 | 20 | 16 | 357 |
| 新宿区 | 17 | 17 | 383 | 墨田区 | 17 | 16 | 357 |
| 中野区 | 18 | 16 | 382 | 清瀬市 | 19 | 16 | 356 |
| 町田市 | 20 | 18 | 381 | 荒川区 | 16 | 15 | 355 |
| 府中市 | 22 | 17 | 381 | 東大和市 | 21 | 17 | 355 |
| 中央区 | 16 | 16 | 380 | 福生市 | 21 | 19 | 353 |
| 練馬区 | 21 | 17 | 379 | 足立区 | 20 | 16 | 351 |
| 豊島区 | 17 | 19 | 378 | あきるの市 | 19 | 16 | 349 |
| 東久留米市 | 19 | 16 | 376 | 武蔵村山市 | 20 | 16 | 344 |
| 品川区 | 16 | 16 | 374 | 平均 | 19 | 17 | 375 |

## 誰が子どもを大人にするのか

子どもが社会に出る頃には、多少は「大人」になっていないと、本人も受け入れる側も困ります。では、人を大人にする責務は誰が担っているかというと、やはり親であり学校であり地域社会だろうと思うのです。

しかし、残念なことに地域社会の教育力は弱まるばかりです。また、最大にして最終的な責任をとるはずの親も心もとない限りです。とすれば、税金で運営されている学校こそが「子どもを大人にする」最後の砦《とりで》となるべきだと思うのです。

私が教育界の悲願である三十人学級に執拗に反対するのは、今でさえ「子どもは子どものままでよい」「子どもこそ素晴らしい」という妙な思想に支配されている学校が、三十人学級によって益々「保育園化」することです。

幼稚なまま社会に放り出される子ども達をこれ以上増やせばどうなるか。フリーターやニートは益々増えていくでしょう。子ども達に必要なのは、さらなる保護ではなく、成長過程に応じた自律です。

　とすれば、逆説的ではありますが、教師の目は届かない方がかえって良い場合があります。親はどこまでも「目の届く」学校を要求します。学校は、親の要求にできる限り応えようとしてきました。でも、それはいたちごっこに過ぎません。

　親には親の役割があり、学校には学校の役割がある。小学校低学年ならいざ知らず、中学生にもなって「ウチの子をちゃんと見ててください」と公的機関である学校に要求する親は、そもそも親として失格なのではないでしょうか。

　その「失格親」に振り回され、「まともな親」の子の自律性にまでお節介をやき、子どもが大人に成長する機会を摘んでいる。残念ながら、それが多くの公立学校の姿であると思えてならないのです。

## 人はいかにして幼稚になるか

視点を変えて、人はなぜ幼稚になるのかを考えて見ましょう。

学校が「子どもを大人にする」役割を果たせていないとしたら、学校には人を幼稚にする何かがあるはずです。

私達が、他人を幼稚と感じるのはどういう時でしょう。「思考が単純である」「常に主役でいたがる」「感情のコントロールができない」といったところでしょうか。こう考えると、学校に限らず子どもを取り巻く環境は、人を大人にするどころか、幼稚であることを奨励しているようなものばかりです。

単純思考の最たる場所はアニメ（特に「ヒーローもの」）の世界です。ここには「良い人」と「悪い人」しか出てきません。「良い人」にもそれぞれキャラの違いはありますが、そのキャラも記号化されていて、例えばゴレンジャー系のヒーローだと、その人の持つ「色」によって、大方のキャラが読めるほどです。

こういう「良い人」vs「悪い人」的な世界観は、生徒だけでなく教師の思考をも支配しています。

教職員組合の役員が、「新しい歴史教科書をつくる会」の教科書批判のビラを撒いているいると、私はカマトトぶって「この本ってどんな中身なのですか」と聞くことにしています。すると、彼は上部組織から教えられたとおり丁寧に説明してくれます。しかし内容をさらに突っ込んで聞くとまったく答えられません。理由は簡単。末端役員はその本を読んでいないのです。ただ「正義の側（組合上部組織やそれと親和的な政党）」が「悪」だと言っているから、実物を読みもしないでそれを信じているのです。アメリカ人を見たこともない人たちが「鬼畜米英」と叫んでいたのと同じです。

ただし、こういった教師の「左翼的正義」など、北朝鮮問題で木《こ》っ端《ぱ》微塵《みじん》に吹き飛びました。いまどき教師に影響されて左翼になる子どもはいません。いたとしてもかなり程度の低い子だけです。むしろ、学校教育の反動なのか、インターネットを中心に右翼まがいの言動が若者に影響力を持っているようです。

ネット右翼と呼ばれる人たちも、その多くはまったくの単純思考です。

「大東亜戦争は日中戦争も含めてすべて自衛戦争であり百%正しかった」

「在日朝鮮人、韓国人は日本に文句があるのなら出て行け」

など勇ましい言動が躍っており、ひきこもりの若者（だけではないのですが）がこういう書き込みをして日々の鬱憤を晴らしているとしたら、相当に不健全だと思います。

## 常に主役でいたがる

「常に主役でいたがる」のも子どもの特性です。しかし、どんな劇も主役だけではなり立ちません。脇役がいて、エキストラがいて、大道具小道具があり、脚本があって初めて劇はなり立つのです。

子どもにそれを教えてやるのが大人の役割のはずですが、それも今の学校は引き受けません。「全員リレー」はその最たるものです。リレーは運動会の花形、そのリレーの選手を選ぶことが、何か悪いことのような感性を持つ教員が大勢います。その結果、今では全員でリレーをする競技がはやっているのです。

人は誰でも自分の人生において主人公です（さだまさしの曲にあったような気がします）。でもそれは、脇役を演じている自分、小道具を作っている自分を肯定するところから始まるのです。

台詞も満足に覚えられない子どもが「ボクも主役やりたいよ」と主張しても、それを撥《は》ね付けるのが大人のたしなみというものでしょう。もちろん、そんな主張を平気でするガキの親は間違いなくバカ親ですから、学校や教育委員会にねじ込んでくるかもしれませんが……。

そういうわがままな子どもがはまるゲームの世界は、常にプレーヤーが主役です。学校に不適応を起こす子どもが、不登校・引きこもりと進んでいく中で「ゲーム」を手放さないのはそのためです。

テレビやマンガは、別の主人公に自分を投影しなければなりませんが、多くのゲームはダイレクトに自分が主人公になれるのです。

## 親と学校ができるほんの小さなこと

戦後教育は子どもから「『己』を知る謙虚さ」「『宿命』を受け入れる潔さ」「『不条理』を生きぬく図太さ」「『日本人』であることの誇り」を奪いました。これら一つ一つはもちろん重要ではありますが、何よりも大切なのは謙虚さ、潔さ、図太さ、誇りを獲得する中で「大人になる」ことです。

現代日本には、元服という儀式も、若衆宿というシステムもありません。丁稚《でっち》奉公もなければ軍隊生活もありません。子どもを育てる力をもった地域社会もなくなりました。頼りないけれど、子どもを大人にしてやれるのは親と学校だけなのです。

では、大人への「通過儀礼」として機能するために、学校はどう変わればよいのか。学校が変われない、変わるのに時間がかかりすぎるとしたら、親はどうすればよいのか。

こんな大それた問題に答えなどありません。それでも、このままでは大人になれない若者が大量発生する、戦後教育の価値観に素直に乗っかると我が子もニートの仲間入りをする可能性が高くなると自覚し、できることから少しずつ始めていくしかないのです。

以下は、私が考えたささやかな戦後教育への対症療法です。親ができることと学校ができることを区分せずに書きました。学校でできるにこしたことはありませんが、それが可能かどうかは自治体の首長や教育長、学校長の見識によってまちまちだからです。

## 競争を是とする

「ゆとり教育」によってガタガタになった学校を建て直すのに、競争の復活は欠かせません。個人の学力・体力はもちろん、クラス対抗の球技大会、学校対抗の水泳記録会、学校間の生徒獲得競争等々。戦後教育の中で否定されてきた様々な競争の場面を復活させることです。

緊張感のない組織や個人に活を入れるのに最も手っ取り早いのは「競争原理の導入」です。会社運営における「競争原理」「成果主義」には見直し機運もありますが、それと学校問題、教育問題は別物です。

学校には、民間企業が「競争原理」「成果主義」と言い出す前から、公明正大な学力競争が存在しました。それを日教組と左派メディアが「悪」だと排除した時から学校の保育園化が始まったのです。

学校が動かなければ、親が学校外の競争の場に我が子を放り込めばいいだけです。それなりの塾には必ず競争があります。勉強がどうしても苦手なら、少年野球でも少年サッカーでもよい。レギュラーポジションを競い、他チームと勝敗を競う。その中で、子どもは己の力を知るでしょう。

## 「人権」という言葉を使わない

教育の世界で「人権」という言葉を使うと、議論はすべてストップします。それほど、「人権」という言葉は強い力を持っているのです。だからこそ、この「人権」という言葉を私は教育の世界で禁句にすべきだと思います。

「どの子にも得意不得意があります。それをテストで競わせるなんて人権侵害です」

この台詞がどれほど学校をダメにしたか。

人権思想の重要性を否定するつもりは毛頭ありません。また、明らかな人権侵害であるという場面もあることは事実です。しかし、現代日本において「人権」という言葉は、中世ヨーロッパの「神」、戦中日本の「天皇陛下」にも匹敵する言葉です。だからこそ、安易に使うべきではないのです。

些細なことでヒステリックに「人権、人権」と騒ぐ親がクラスにいたら、

「いや、そんな大層な話ではなく、具体的にどう解決するかを考えましょう」と教師や別の親がたしなめる、それだけでも学校運営はかなり真っ当になるはずです。

また、逆説的ではありますが、北朝鮮拉致被害者の方々を教員研修にお呼びして、今現在の想いや金正日が拉致を白状するまで誰にどういう対応をされてきたかを話していただくのも効果的だと思います。

戦後最大の人権侵害事件の被害者を前にした時、多くの教員は、自分が普段使っている「人権」という言葉がいかに安物であるかを実感するでしょう。

## 「いじめのある学校」を認める

世間には「いじめのない」ことを売りにする学校がたくさんあります。しかし、それは「泥棒のいない国＝北朝鮮」（元日教組委員長槇枝元文氏の発言）にも匹敵する嘘っぱちです。子どものいるところ、必ず「いじめ」は存在します。

「いじめ」の存在を認めない学校があるとしたら、子ども社会の存在を認めない学校だけです。犬をたくさん飼えば犬にだっていじめは起こります。ブロイラーを一羽ずつ箱に押し込めて飼えば百羽飼っても千羽飼ってもいじめは起こりません。

子どもの発達に犬型とブロイラー型のどちらがよいかは言を俟たないでしょう。すべてのいじめを放置しろというのではありません。犯罪性を有するいじめなら、厳罰をもってあたるべきです。

けれども、いじめは全ていけないことなのでしょうか。私はそうは思いません。子ども達が特定の子どもをいじめる場合には、それなりの理由があるものです。それにいちいち目くじらをたてて、すぐに介入するという姿勢をとるべきではありません。安易にいじめに介入しない忍耐は、いざという時に介入する決断と同程度に重要なはずです。

## 祭に参加する

共同体意識が最も高まるのは祭です。あの一体感をあらゆる場で体感することは、極めて重要です。

人は共同体のためなら無償で働きます。なぜ、日本企業はサービス残業という無償奉仕を従業員から引き出すことが可能だったのか（別にサービス残業を奨励しているわけではありませんが）。それは企業が共同体だったからです。

同様に子ども達も文化祭、体育祭のためなら必死になって、先生に叱られるまで学校に残って働きます。こういう経験を何通りもさせることで、現代人が複数の共同体に所属して暮らしていることを実感するでしょう。

学校の祭、地域の祭、有志の祭にその共同体の構成員として参加し、一定の責任を受け持つこと。これは「大人」への大きな一歩になるはずです。

## デモクラシーの奥義を開陳する

戦後教育を肯定する人達はこれを「戦後民主教育」と呼んできました。しかし、これまで見てきたように、戦後教育はとても民主主義と呼べる代物ではありません。学校教育を通じた国民教化であり、戦中の国民学校教育と対をなす左派全体主義教育でした。

戦後教育が民主主義と程遠い証拠に、第四章でも述べましたが、教育基本法は（少なくとも文言上は）教師に対する民主的コントロールを否定しています。また、学校教育において教えられた「民主主義」も、デモクラシーの本質を削除されたものでした。デモクラシーの本質とは、「国民皆兵がデモクラシーの正当性を基礎付けた」という歴史的事実です。

我々はなぜ、一人一票ずつ投票権を与えられ、国政や地方政治に参加できるのか。納税者だからではありません。納税者であるがゆえに国政に口を出せるのならば、制限選挙か納税額一万円につき一票といったシステムの方が合理的です。

しかし、そうではない。フランス革命によって完成した近代デモクラシー国家において国民軍は不可欠な要素でした。有事になれば、たった一つしかない命を国家に預けて戦う。これが国民国家の基本型です。だから平時にだって国民は平等に国政に口を出す。命の重みに金持ちも貧乏人もありません。それゆえの「一人一票」なのです。

ついでに言うと、じゃあなぜ婦人参政権は認められたのでしょう。それは、第一次世界大戦により戦争のあり方が、軍事力勝負から政治経済を含めた国力すべてを費やして戦う「総力戦」に変わったからです。これによって、「銃後」が極めて重要な存在になりました。これが、婦人参政権が認められた最大の根拠です。

戦後教育は、この最も重要な点を隠蔽《いんぺい》しました。日本弱体化が目的であったGHQにとって、「民主主義」と「戦争」はどこまでも対立的でなければならなかったのです。

別に「国民皆兵制度を創設しよう」「徴兵制を導入しよう」と言うつもりはありません。武器がハイテク化する中、世界の潮流は徴兵から志願兵にシフトしています。ただ、世界が益々きな臭くなる昨今だからこそ、デモクラシーの原理原則は何かという点を義務教育段階でしっかりと教えて、背筋を伸ばすべきだと主張しているのです。

これを教えるだけで、学校で勉強することの重要性を認識する生徒が誕生することは必至です。

## やりたいことを探させない

「やりたいことをやりなさい」という優しい言葉が、子どもを苦しめています。多くの子どもにはやりたいことなどないのです。それを正直に告白した子どもには、「やりたいことはゆっくり探せばよい」と返答するのが戦後教育における正解です。

これでは、ニートにならない方が奇跡です。

「ガタガタ言わずに働け」「お前程度の能力で上の学校に行くのは時間と金の無駄だ」と言ってやれば、どれほど多くの子ども達が助かることでしょう。

「やりたいこと」など、大人でさえコロコロ変わります。脱サラして農業をこころざし、都会に逃げ帰った人がどれだけ多いか。起業して後悔している人が何人いるか。皆わかっていながら、子どもを優しく脅迫しているのです。

小説家になりたいのなら普通の職業に就いて働け、書くべき日常はそこに転がっている。お笑い芸人になりたいのなら普通の職業に就いて働け、共感を生む笑いの元がそこに潜んでいる。やりたいことがないのなら普通の職業に就いて働け、その中でやりたいことが見つかるかもしれない。

教師や親が子どもにかけるべき言葉とは、そういう言葉ではないでしょうか。では、普通の職業とは何か。それは、特別な才能のない凡人でも真面目に努力すれば食っていける職業です。

## 凡人による凡人のための教育論

学校という所は、凡人である教師が、（大多数は）凡人である生徒に知識や智恵を授ける場所です。ですから、双方が「凡人であること」を所与条件としてものを考えるべきです。

学校という枠に納まらない天才は、放っておいても自分でやりたいことを見つけて成就します。天才に教育論は不要なのです。それが天才の天才たる所以《ゆえん》です。

学校という枠に納まらない悪党にも、教育論は不要です。彼らに必要なのは、教育ではなく矯正だからです。

ところが、世間は天才に教育論を求め、元悪党（背中の刺青《いれずみ》や元ヤンキーを売りにしている人達です）の矯正論を教育論と勘違いしてありがたがるのです。

「平凡な子どもが、平凡な大人になり、真っ当な社会人として生きていくための教育」

学校に求められているのは、そういう教育のはずです。

「これといった才能のない人間でも、親や先生を信じて精進すれば、真っ当な大人になれ、平凡だけれども幸せな人生を送ることができる」

私達が求める社会とは、そんな当たり前の社会です。

「戦後教育」が理想とする社会を実現するために「正しい人」になっても大多数の日本人は幸せにはなれませんでした。それが六十年間に及ぶ実験の結論です。これ以上、戦後教育的な価値観にこだわって、自分や子どもを不幸にするのは止めにしませんか。

教育を通じて育てるべき人間は、大東亜共栄圏実現のために命を惜しまない「天皇の赤子」ではありませんが、理想社会実現のために日本の歴史や文化や伝統を断罪する「正しい人」でもありません。

客観的には「普通」かもしれない、自分自身の能力や所属する共同体（家、学校、会社、郷土、国家など）に幾ばくかの誇りを持ち、その維持・向上に努力する。そして、他者から妥当な批判を受ければ反省するが、不当に侮辱されれば怒って反論する。自分の学校や会社の評価が上がれば嬉しいし、出身県の高校が甲子園で優勝すれば気分がいい。オリンピックで君が代が流れれば目頭が熱くなる。

そんな普通の日本人であることが実は大切なのであり、我々が育て得る子どもも（大多数は）普通の日本人でしかないのです。

この現実を無視した幼稚な理想論と決別しない限り、戦後教育の不幸はいつまでも続くでしょう。

本書は、まさしく凡人によって書かれたものです。そして、だからこそ戦後教育による不幸の連鎖を断ち切る力があるのだと確信しています。

# あとがき

本書を書き終えて今更ながらに感じたことは、学校や教育を取り巻く言論におけるリアリズムの欠如でした。

子ども達の学力が下がりつづけていた一九九〇年代には、「偏差値教育が子どもを傷つけている」という主張が真顔でされていました。

不登校児の家庭内暴力に親が手を焼いている中、「子どもが不登校になるのは感受性が高いからだ。今の学校に矛盾を感じず平気で通えるほうがどうかしている」という言論が勢いを得た時期もありました。

読んだこともない歴史教科書を、「戦争を賛美する教科書だ」と思い込み、採択反対運動をしている教員は今でも大勢います。

リアリズムが欠如しているのは、保守の人達も同様です。

誰も見たことのない「手を繋いでゴールする」運動会が、学校を批判する際の常套句に使われています。

組合活動をしている教師は、一年中「反日教育」に精を出していると思っている人も少なくありませんが、そのような教師は極《ごく》少数派であり、大した影響力を持っていません。

思えば日本人がリアリズムを失ったのは、日中戦争から対米戦争そして敗戦へと向う時でした。

戦略なき戦争と日本社会全体を覆った精神主義。本書を書くにあたって、戦時の学校や社会を改めて調査し、本当に暗澹《あんたん》たる思いがしました（だからと言って、先の戦争が無意味だった訳でも、日本だけが悪かった訳でもありませんが）。

戦後教育を肯定する人達は、「戦後教育は戦前・戦中教育の反省から生まれた」と言います。

しかし私には、戦後教育は日本人が先の戦争中に失ったリアリズムさえ、取り戻そうとしていない、と思えてなりません。

子どもに自身の学力を知らしめないことも、完全な平等社会を夢想することも、不条理な社会を前にして立ちすくむのも、「日本は悪い国だった」という隣国の主張を鵜呑《うの》みにするのも、すべてはリアリズムの否定や欠如に起因しています。

虚心坦懐に現実を見据え、あるべき方向を模索し、その方向に向う手段を考える。教育に限らず、およそ人間の営みは、このようなプロセスを経なければ改善されません。

いくら自分の願いを強くし、成就を念じ、願いを異にする相手を打ち負かしても、現実は改善されないのです。

日本国の勝利を念じ、一億玉砕を叫び、それに異を唱える人を非国民とののしっても戦争には勝てませんでした。

戦後、平和を念じ、憲法を変えようとする人間をファシストと断罪した人達は、結局のところ隣国に利用され、拉致国家を賛美する醜態を見せました。

戦後教育との決別とは、つまるところ、教育にリアリズムを導入することです。それは、一部の人達がいうような「戦中教育への回帰」ではありません。むしろ、同時に戦中教育との決別をも意味するのです。

本書が、教育を巡る議論をリアルにし、多くの日本人を戦中・戦後教育の呪縛から解き放つ一助になれば望外の幸せです。

最後に、四十五年しか生きていない私に、戦後教育六十年を総括する機会を与えてくださった新潮社の皆様に敬意と感謝を表したいと思います。

二〇〇五年七月

森口　朗

【参考文献】

『21世紀の学校はこうなる』寺脇研（新潮OH！文庫、二〇〇一年）
『東京都の「教育改革」　石原都政でいま、何が起こっているか』村上義雄（岩波ブックレット、二〇〇四年）
『「学び」から逃走する子どもたち』佐藤学（岩波ブックレット、二〇〇〇年）
『東京都の学校改革　校長のリーダーシップ確立に向けて』東京都学校問題研究会編著（都政新報社、一九九九年）
『競争より「共創」の教育改革を　子どもと教師と保護者・地域住民の共同参画を求めて』尾木直樹（学陽書房、二〇〇三年）
『教育改革の幻想』苅谷剛彦（ちくま新書、二〇〇二年）
『偏差値は子どもを救う』森口朗（草思社、一九九九年）
『年収300万円時代を生き抜く経済学　給料半減が現実化する社会で「豊かな」ライフ・スタイルを確立する！』森永卓郎（光文社、二〇〇三年）
『希望格差社会　「負け組」の絶望感が日本を引き裂く』山田昌弘（筑摩書房、二〇〇四

年）
『機会不平等』斎藤貴男（文春文庫、二〇〇四年）
『不平等社会日本 さよなら総中流』佐藤俊樹（中公新書、二〇〇〇年）
『授業の復権』森口朗（新潮新書、二〇〇四年）
『学力低下を克服する本 小学生でできること中学生でできること』陰山英男・小河勝（文藝春秋、二〇〇三年）
『教育黒書 学校はわが子に何を教えているか』八木秀次（ＰＨＰ研究所、二〇〇二年）
『学力低下論争』市川伸一（ちくま新書、二〇〇二年）
『負け犬の遠吠え』酒井順子（講談社、二〇〇三年）
『ニート フリーターでもなく失業者でもなく』玄田有史・曲沼美恵（幻冬舎、二〇〇四年）
『フリーターとニート』小杉礼子編（勁草書房、二〇〇五年）
『「負けた」教の信者たち ニート・ひきこもり社会論』斎藤環（中公新書ラクレ、二〇〇五年）

『新しい歴史教科書 市販本』西尾幹二ほか著（扶桑社、二〇〇一年）
『教育勅語 昭和天皇の教科書』杉浦重剛（勉誠ライブラリー 教科書セレクション、二〇〇二年）
『なぜいま教育基本法改正か 子供たちの未来を救うために』「日本の教育改革」有識者懇談会（PHP研究所、二〇〇四年）
『教育基本法「改正」 私たちは何を選択するのか』西原博史（岩波ブックレット、二〇〇四年）
『国民の教育』渡部昇一（産経新聞ニュースサービス、二〇〇一年）
『やっぱり「30人以下学級」 ゆたかな学びとゆきとどいた教育をめざして 日政連・日教組「30人以下学級実現のたたかい」―1000日の記録』日本民主教育政治連盟・日本教職員組合編著（アドバンテージサーバー、二〇〇三年）

【巻末資料】

○教育基本法

われらは、さきに、日本国憲法を確定し、民主的で文化的な国家を建設して、世界の平和と人類の福祉に貢献しようとする決意を示した。この理想の実現は、根本において教育の力にまつべきものである。

われらは、個人の尊厳を重んじ、真理と平和を希求する人間の育成を期するとともに、普遍的にしてしかも個性ゆたかな文化の創造をめざす教育を普及徹底しなければならない。

ここに、日本国憲法の精神に則り、教育の目的を明示して、新しい日本の教育の基本を確立するため、この法律を制定する。

**第一条**（**教育の目的**）教育は、人格の完成をめざし、平和的な国家及び社会の形成者として、真理と正義を愛し、個人の価値をたつとび、勤労と責任を重んじ、自主的精神に充ちた心身ともに健康な国民の育成を期して行われなければならない。

**第二条**（**教育の方針**）教育の目的は、あらゆる機会に、あらゆる場所において実現されなければならない。この目的を達成するためには、学問の自由を尊重し、実際生活に即し、自発的精神を養い、自他の敬愛と協力によつて、文化の創造と発展に貢献するように努めなければならない。

**第三条**（教育の機会均等）① すべて国民は、ひとしく、その能力に応ずる教育を受ける機会を与えられなければならないものであつて、人種、信条、性別、社会的身分、経済的地位又は門地によつて、教育上差別されない。

② 国及び地方公共団体は、能力があるにもかかわらず、経済的理由によつて修学困難な者に対して、奨学の方法を講じなければならない。

**第四条**（義務教育）① 国民は、その保護する子女に、九年の普通教育を受けさせる義務を負う。

② 国又は地方公共団体の設置する学校における義務教育については、授業料は、これを徴収しない。

**第五条**（男女共学）男女は、互に敬重し、協力し合わなければならないものであつて、教育上男女の共学は、認められなければならない。

**第六条**（学校教育）① 法律に定める学校は、公の性質をもつものであつて、国又は地方公共団体の外、法律に定める法人のみが、これを設置することができる。

② 法律に定める学校の教員は、全体の奉仕者であつて、自己の使命を自覚し、その職責の遂行

に努めなければならない。このためには、教員の身分は、尊重され、その待遇の適正が、期せられなければならない。

**第七条（社会教育）**①　家庭教育及び勤労の場所その他社会において行われる教育は、国及び地方公共団体によつて奨励されなければならない。

②　国及び地方公共団体は、図書館、博物館、公民館等の施設の設置、学校の施設の利用その他適当な方法によつて教育の目的の実現に努めなければならない。

**第八条（政治教育）**①　良識ある公民たるに必要な政治的教養は、教育上これを尊重しなければならない。

②　法律に定める学校は、特定の政党を支持し、又はこれに反対するための政治教育その他政治的活動をしてはならない。

**第九条（宗教教育）**①　宗教に関する寛容の態度及び宗教の社会生活における地位は、教育上これを尊重しなければならない。

②　国及び地方公共団体が設置する学校は、特定の宗教のための宗教教育その他宗教的活動をしてはならない。

**第十条（教育行政）**①　教育は、不当な支配に服することなく、国民全体に対し直接に責任を負つて行われるべきものである。

② 教育行政は、この自覚のもとに、教育の目的を遂行するに必要な諸条件の整備確立を目標として行われなければならない。

**第十一条（補則）** この法律に掲げる諸条項を実施するために必要がある場合には、適当な法令が制定されなければならない。

## ○教育ニ関スル勅語（教育勅語）

朕《ちん》惟《おも》フニ我《わ》カ皇祖《こうそ》皇宗《こうそう》國《くに》ヲ肇《はじ》ムルコト宏遠《こうえん》ニ徳《とく》ヲ樹《た》ツルコト深厚《しんこう》ナリ我《わ》カ臣民《しんみん》克《よ》ク忠《ちゅう》ニ克《よ》ク孝《こう》ニ億兆《おくちょう》心《こころ》ヲ一《いつ》ニシテ世世《よよ》厥《そ》ノ美《び》ヲ濟《な》セルハ此《こ》レ我《わ》カ國體《こくたい》ノ精華《せいか》ニシテ教育《きょういく》ノ淵源《えんげん》亦《また》實《じつ》ニ此《ここ》ニ存《そん》ス爾《なんじ》臣民《しんみん》父母《ふぼ》ニ孝《こう》ニ兄弟《けいてい》ニ友《ゆう》ニ夫婦《ふうふ》相和《あいわ》シ朋友《ほうゆう》相信《あいしん》シ恭儉《きょうけん》己《おの》レヲ持《じ》シ博愛《はくあい》衆《しゅう》ニ及《およ》ホシ學《がく》ヲ修《おさ》メ業《ぎょう》ヲ習《なら》ヒ以《もっ》テ智能《ちのう》ヲ啓發《けいはつ》シ徳器《とくき》ヲ成就《じょうじゅ》シ進《すすん》テ公益《こうえき》ヲ廣《ひろ》メ世務《せいむ》ヲ開《ひら》キ常《つね》ニ國憲《こくけん》ヲ重《おもん》シ國法《こくほう》ニ遵《したが》ヒ一旦《いったん》緩急《かんきゅう》アレハ義勇《ぎゆう》公《こう》ニ奉《ほう》シ以《もっ》テ天壤《てんじょう》無窮《むきゅう》ノ皇運《こううん》ヲ扶翼《ふよく》スヘシ是《かく》ノ如《ごと》キハ獨《ひと》リ朕《ちん》カ忠《ちゅう》良《りょう》ノ臣民《しんみん》タルノミナラス又《また》以《もっ》テ爾《なんじ》祖先《そせん》ノ遺風《いふう》ヲ顯彰《けんしょう》スルニ足《た》ラン

斯《こ》ノ道《みち》ハ實《じつ》ニ我《わ》カ皇祖《こうそ》皇宗《こうそう》ノ遺訓《いくん》ニシテ子孫《しそん》臣民《しんみん》ノ倶《とも》ニ遵守《じゅんしゅ》スヘキ所《ところ》之《これ》ヲ古今《ここん》ニ通《つう》シテ謬《あやま》ラス之《これ》ヲ中外《ちゅうがい》ニ施《ほどこ》シテ悖《もと》ラス朕《ちん》爾《なんじ》臣民《しんみん》ト倶《とも》ニ拳拳《けんけん》服膺《ふくよう》シテ咸《みな》其《その》徳《とく》ヲ一《いつ》ニセンコトヲ庶幾《こいねが》フ

明治二十三年十月三十日

御名　御璽

森口朗　1960（昭和35）年大阪府生まれ。教育評論家。中央大学法学部卒。東京都職員として小学校、養護学校、都立高校勤務を経験。著書に『偏差値は子どもを救う』『授業の復権』など。

Ⓢ新潮新書

129

# 戦後《せんご》教育《きょういく》で失《うしな》われたもの

著　者　森口《もりぐち》　朗《あきら》

2005年８月20日　発行
2007年４月10日　８刷

発行者　佐　藤　隆　信

発行所　株式会社新潮社

〒162-8711　東京都新宿区矢来町71番地
編集部（03）3266-5430　読者係（03）3266-5111
http://www.shinchosha.co.jp

印刷所　株式会社光邦

製本所　株式会社植木製本所



ISBN978-4-10-610129-8　C0237

価格はカバーに表示してあります。